ERNST-AUGUST BREMICKER

Zephanja –

Gericht und Gnade

Eine Vers-für-Vers-Auslegung

ERNST-AUGUST BREMICKER

Zephanja –

Gericht und Gnade

Eine Vers-für-Vers-Auslegung

Christliche Schriftenverbreitung
An der Schloßfabrik 30, 42499 Hückeswagen

1. Auflage 2023

© Christliche Schriftenverbreitung, Hückeswagen
Umschlaggestaltung: ideegrafik
Satz und Layout: Christliche Schriftenverbreitung
Druck: BasseDruck, Hagen
ISBN: 978-3-89287-235-1

www.csv-verlag.de

Inhalt

Vorab **9**

Einleitung **11**
   Empfänger 13
   Zeitgeschichtlicher Hintergrund 14
   Verfasser 16
   Ziel 20
   Drei Sichtweisen 21
   Inhalt 22
   Der Tag des Herrn 26
   Besonderheiten 28
   In der Mitte 29
   Zitate im Neuen Testament 30
   Gliederung 31
   Praktische Lektionen 33

Kapitel 1, Vers 1: Der Prophet Zephanja **35**

Kapitel 1, Verse 2 und 3: Gericht über die ganze Erde **41**

Kapitel 1, Verse 4–6: Gericht über Juda wegen Götzendienst **49**

Kapitel 1, Verse 7–13: Der Tag des Herrn –
Gericht über Jerusalem (Teil 1) **61**

Inhalt

Kapitel 1, Verse 14–18: Der Tag des Herrn –
ein Tag des Gerichts (Teil 2) 81

Kapitel 2, Verse 1–3: Ein Appell zur Buße 93

Kapitel 2, Verse 4–15: Gericht über die Feinde 105
   Die Philister (Verse 4–7) 109
   Moab und Ammon (Verse 8–11) 117
   Äthiopien (Vers 12) 127
   Assyrien (Verse 13–15) 131

Kapitel 3, Verse 1–4: Erneute Anklage gegen Jerusalem 139

Kapitel 3, Verse 5–7: Das gerechte Handeln Gottes im Gericht .. 153

Kapitel 3, Vers 8: Gottes Rechtsspruch 161

Kapitel 3, Verse 9–13: Gottes Absicht für die Völker
und für Israel 167

Kapitel 3, Verse 14–20: Ein rettender Held –
Jubel in Jerusalem 183

Einleitung

Vorab

Es erscheint auf den ersten Blick vielleicht nicht so attraktiv, eine recht umfangreiche Auslegung über den Propheten Zephanja zu lesen. Warum also dieses Buch?

- *Erstens*: Ich möchte dem Leser eine Erklärung zu einem Bibelbuch an die Hand geben, über das wenig gesprochen und geschrieben wird. Es geht darum zu verstehen, welche Botschaft der Prophet damals für die Adressanten seiner Weissagung hatte und welche prophetische Bedeutung seine Botschaft für die Zukunft hat.

- *Zweitens*: Ich möchte zeigen, wie praxisnah Zephanja schreibt. Seine Botschaft ist eine Botschaft für jeden Leser – auch für uns Christen. Sie hat eine große Relevanz für jeden, der sich zu Jesus Christus bekennt. Zephanja war ein Prediger der Gerechtigkeit. Seine Botschaft rüttelt auf. Sie hilft uns, eine Standortbestimmung vorzunehmen und Weichen neu zu stellen.

Die praxisbezogenen Anmerkungen sind im Text abgesetzt und gut zu erkennen.

Zephanja – *Gericht und Gnade*

Gott benutzt den Propheten Zephanja als Sprachrohr, doch die eigentliche Botschaft kommt von dem H$_{ERRN}$. Genau das ist eine der wesentlichen Aufgaben eines Propheten. Er redet im Auftrag Gottes zu den Menschen. Es handelt sich um eine göttliche Botschaft mit entsprechender Autorität.

Einleitung

Die Botschaft des Propheten Zephanja geht unter die Haut. Es ist eine Gerichtsbotschaft. Gericht für ein Volk, das eine äußere Beziehung zu seinem Gott hatte und doch weit weg von diesem Gott lebte. Gott zeigt das Feuer seines Eifers im Gericht. Damit rüttelt die Botschaft des Propheten jeden auf, der bekennt, dass er eine Beziehung zu Gott zu hat. Ist die Beziehung echt oder leben wir innerlich in Distanz zu unserem Gott?

Zephanja schreibt über das gerechte Gericht Gottes, das sowohl das Volk Gottes als auch die gottlosen Nachbarvölker treffen wird. Er kündigt das Gericht an und begründet es. Zugleich appelliert er an sein Volk, Buße zu tun und zu Gott zurückzukehren.

Doch Zephanja spricht nicht nur von Gericht. Er hat ebenfalls eine Gnadenbotschaft. Seine Botschaft zeigt, dass Gott seine Pläne erfüllt. Das Volk Gottes hat eine Zukunft. Gottes Zusagen an sein Volk erfüllen sich für Israel im 1000-jährigen

> *Der Reformator des Elsass', Martin Bucer, schrieb schon vor fast 500 Jahren, dass jemand, der alle Offenbarungen der Weissagung Gottes in einer kurzen Zusammenfassung haben möchte, das Buch des Propheten Zephanja lesen solle.*
>
> *Zephanja schreibt über das gerechte Gericht Gottes und über seine Zusagen für den kommenden Überrest aus Juda, der dann in das Reich des Messias eingehen wird. Man könnte Zephanja mit Recht – wie Noah – einen „Prediger der Gerechtigkeit" nennen (2. Pet 2,5).*

Reich. Gottes Zusagen an uns Christen werden sich ebenfalls erfüllen.

Zephanja ist ein Prophet. Wir dürfen deshalb erwarten, dass er nicht nur die Gewissen seiner Leser aufrüttelt, sondern dass er auch etwas über die Zukunft zu sagen hat. Das ist in der Tat so. Er ist ein „kleiner Prophet" mit einer „großen Botschaft". Es lohnt sich, seine Botschaft zu Herzen zu nehmen.

Zephanjas Gerichtsbotschaft fand eine erste Erfüllung in dem Überfall der Babylonier auf Jerusalem und Juda am Ende der Königsdynastie Davids. Viele Juden wurden ins Exil nach Babel deportiert. Doch die Botschaft des Propheten hat eine weiterreichende Bedeutung. Ihre endgültige Erfüllung steht noch aus, nämlich dann, wenn der große „Tag des Herrn" kommt, die Gerichte Gottes, die dem kommenden Friedensreich vorausgehen. Dieser kommende Tag bringt den Zorn Gottes über die Menschen, aber am Ende beinhaltet er auch das sich anschließende Friedensreich.

Der „Tag des Herrn" ist das große Thema des Propheten Zephanja. Andere Propheten sprechen ebenfalls von diesem „Tag" und auch im Neuen Testament wird er erwähnt. Doch in kaum einem anderen Bibelbuch finden wir ihn so häufig genannt, wie in diesem kleinen Propheten. Es ist ein Tag des Gerichts und zugleich ein Tag, an dem Gott sich verherrlichen wird. Der Name des Propheten ist sozusagen Programm. Zephanja bedeutet „der HERR hat verborgen". Genau das tut Gott mit dem gläubigen Überrest. Er schützt ihn vor seinem gerechten Zorn (vgl. Zeph 2,3). Damit fasst sein Name die Lage des Überrestes mit einem Wort zusammen. Gott ist ein gerech-

Einleitung

ter Gott und zugleich ein Gott voll Gnade und Barmherzigkeit. Dennoch kann man die Gnade Gottes nicht missbrauchen und in Ausschweifung verkehren, denn Gott ist heilig und muss das Böse richten.

Empfänger

Das Buch nennt keinen direkten Empfänger. Dennoch wird aus dem Inhalt völlig klar, dass Gott seine Worte durch Zephanja an die Juden richtet, die in der Zeit Josias in Jerusalem lebten. Es fällt dabei auf, dass Gott sehr häufig in der dritten Person – also mit einer gewissen Distanz – von seinem Volk spricht, das sich von Ihm abgewandt hat. Das gilt vor allem für die Ankündigung des Gerichts. Nur einige Male redet Er die Juden direkt an (vgl. Zeph 1,11; 2,1; 3,7). An anderen Stellen wird der Überrest persönlich angesprochen (vgl. Zeph 2,3; 3,8; 3,11). Besonders zu Herzen gehend sind die Schlussverse des Propheten in Kapitel 3,14–20. Sie sind komplett in einer direkten Ansprache verfasst.

Dennoch sollten wir nicht denken, die Botschaft Zephanja ginge *uns* nichts an. Ganz im Gegenteil. Wir werden sehen, dass Gottes Worte durch diesen Propheten direkt in unser Leben hineinsprechen. Sie rütteln auf. Sie fordern zu einer Standortbestimmung auf. Sie warnen. Sie machen zugleich Mut. Gott lässt sich nicht blenden. Gott gibt sich nicht mit der äußeren Form eines christlichen Lebens zufrieden. Gott sieht ins Herz und möchte, dass unsere Herzen ganz für unseren Herrn schlagen. Das lehrt uns heute der Prophet Zephanja.

Zephanja – Gericht und Gnade

Zeitgeschichtlicher Hintergrund

Um die Weissagung Zephanjas richtig zu verstehen, ist es unerlässlich, den zeitgeschichtlichen Hintergrund zu berücksichtigen. Gleich zu Beginn des Buches erfahren wir, dass Zephanja ein Zeitgenosse des jüdischen Königs Josia war. Josias Großvater war der gottlose König Manasse, der 55 Jahre lang über Juda regierte und in dessen Regierungszeit das Volk Gottes wieder einmal den Götzen gedient hatte. Josias Vater Ammon regierte nur zwei Jahre. Er war ebenfalls ein gottloser König. Statt dem wahren Gott zu dienen, waren die Juden den Götzen ergeben. Josia hingegen war anders. Im Alter von acht Jahren wurde er König. Er regierte einunddreißig Jahre, und zwar von 640 bis 609 v. Chr. Im Alter von 16 Jahren begann er sein beeindruckendes Reformwerk, das unter anderem darin bestand, Juda vom Götzendienst zu reinigen, das Haus Gottes zu renovieren und sein Volk zum Gesetz Gottes zurückzubringen. Die Berichterstattungen in 2. Könige 22 und 23 sowie 2. Chronika 34 und 35 sind lesenswert. Josia war der letzte gottesfürchtige König, der über Juda regiert hat. Erst der wahre „Sohn Davids" – der Messias – wird ihn bei weitem übertreffen.

Alles sah sehr positiv aus. Dennoch fällt auf, dass unmittelbar nach dem Tod Josias das Volk erneut in Götzendienst verfiel und es nicht lange dauerte, bis Gott das angekündigte Gericht vollziehen musste. Die Juden wurden nach Babel deportiert. Dabei wird deutlich, dass schon unter Josia die äußere Entwicklung nicht den inneren Zustand des Volkes widerspiegelte. Obwohl das Reformwerk Josias von ihm selbst mit ganzem Herzen betrieben wurde, war es für viele Juden doch nur ein äußeres Mitlaufen. Viele gingen in ihren Herzen nicht mit. Der moralische Zustand war nicht gut. Die Propheten Jeremia und Habakuk – beide Zeitgenossen Zephanjas – zeigen das deutlich (z. B. Jer 1,3 ff.; Jer 3,6 ff.; Hab 1,2 ff.). Jeremia geht so weit, zu sagen, dass das Volk nicht mit dem Herzen, sondern in Falschheit zu Gott umgekehrt war (Jer 3,10). Es war ein Vortäuschen falscher Tatsachen. In Wirklichkeit dienten sie weiter fremden Göttern, waren träge und hochmütig und im Herzen weit weg von ihrem Gott.

H. A. Ironside merkt an: „Das Ziel des Geistes Gottes im Buch Zephanja war, die Formalisten – jene, die nur eine äußere Form aufrechterhielten, ohne innerlich beteiligt zu sein – vor dem kommenden Gericht zu warnen und die Herzen des göttlichen Überrestes zu trösten. Sie hatten eine kleine Kraft und hatten seinen Namen nicht verleugnet (vgl. Off 3,8)".[1]

> Gott sieht alles. Er sieht das Herz. Ihm kann man nichts vormachen. Menschen sehen auf das Äußere, Gott sieht das Herz (1. Sam 16,7). Vor den Augen Gottes bleibt nichts verborgen. Vor Ihm ist alles „bloß und aufgedeckt" (Heb 4,13).

Zephanja sah das gerechte Gericht Gottes kommen, obwohl in den Tagen Josias äußere Ruhe herrschte. Der Erzfeind der Kinder Israel – Assyrien – war mit sich selbst beschäftigt. Die Beziehungen zu Ägypten schienen einigermaßen intakt zu sein. Und den Feind aus Babylon hatte anscheinend niemand im Blick. Durch Zephanja warnt Gott sein Volk und fordert sie zur Umkehr auf – doch leider vergeblich.

---

1   H. A. Ironside: *The Prophet Zephaniah*

Zephanja – *Gericht und Gnade*

Verfasser

Der Verfasser des Buches ist der Prophet Zephanja. Er ist der letzte schreibende Prophet vor der Deportation der Juden nach Babel. Er nennt sich in dem einleitenden Vers mit Namen und stellt sich kurz vor. Er nennt sich Sohn Kuschis, des Sohnes Gedaljas, des Sohnes Amarjas, des Sohnes Hiskijas (Zeph 1,1).

Sein Name bedeutet „der HERR (Jahwe) hat verborgen" oder „der HERR (Jahwe) hat bewahrt". Wir fragen uns, warum seine Eltern ihm gerade diesen Namen gegeben haben. Sahen sie vielleicht den schlechten Zustand im Volk Gottes, weil sie in der Regierungszeit des bösen Königs Manasse lebten, als ihr Sohn geboren wurde? Offensichtlich erkannten sie, dass nur einer bewahren kann, nämlich der HERR.

Die Bibel sagt uns wenig über Zephanja. Sein Stammbaum fällt auf und ist für einen Boten Gottes ungewöhnlich. Er ist der einzige Prophet des Alten Testamentes, der seinen Stammbaum über vier Generationen angibt. Man hat Zephanja einen „Propheten mit blauem (d. h. königlichem) Blut" genannt. Er war tatsächlich ein entfernter Verwandter des Königs Josia, d. h., beiden hatten mit Hiskia einen gemeinsamen Vorfahren.[2]

---

[2] Es gibt keinen Grund daran zu zweifeln, dass es sich bei Hiskia um den König handelt, der vorher über Juda regiert hatte. Die jüdische Überlieferung und zuverlässige rabbinische Quellen bestätigen das. Manchmal wird eingewandt, dass Hiskia nicht ausdrücklich „der König" genannt wird, aber das scheint nicht ungewöhnlich zu sein.

Einleitung

Hiskia war der letzte gottesfürchtige König vor Josia, der ebenfalls ein beachtenswertes Reformwerk zustande gebracht hatte. Er regierte von 716 bis 687 v. Chr.

Gewisse Einzelheiten im Text lassen die Vermutung zu, dass Zephanja in Jerusalem lebte (z. B. Zeph 1,10.11); und es ist nicht ausgeschlossen, dass er Zugang zum königlichen Palast hatte. Zumindest wusste er, wie sich die Königssöhne kleideten (Zeph 1,8). Es ist denkbar, dass er einen guten Einblick in die Aristokratie damaliger Tage gehabt hat. So bekam er vermutlich manche Informationen über den Zustand der Führungsschicht in Jerusalem aus erster Hand. Allerdings wird das seinen Dienst als Prophet nicht unbedingt leichter gemacht haben. Der Dienst im Umfeld der eigenen Familie ist oft der schwierigste. Wir können vermuten, dass Zephanja einen positiven Einfluss auf die geistliche Entwicklung des noch jungen Königs Josia hatte.

> *Zephanja ist kein „Leisetreter", sondern ein Mann deutlicher Worte. Seine Sprache ist kompromisslos. Ohne irgendetwas zu beschönigen, brandmarkt er das verdorbene Verhalten der Juden und stellt ihre Sünde bloß. Mit ebenso klaren Worten spricht er allerdings auch von der Hoffnung des kommenden Reiches.*

Weitere Einzelheiten über das Werkzeug Gottes erfahren wird nicht. Das ist auch nicht erforderlich, denn wichtiger als der Bote ist die Botschaft. Hinter ihr tritt der Bote zurück.

Zephanja – Gericht und Gnade

Datierung

Im ersten Vers wird uns mitgeteilt, dass Zephanja in der Regierungszeit des Königs Josia weissagte. Damit liegt die grobe Datierung fest. Josia regierte von 640 bis 609 v. Chr.

Die Tücke liegt eher im Detail, wenn man nämlich danach fragt, ob der Zeitraum weiter eingegrenzt werden kann. Die Regierungszeit Josias wird in den historischen Berichten (Könige und Chronika) in verschiedene Zeitabschnitte eingeteilt. Wir lesen vom achten, vom zwölften und vom achtzehnten Jahr seiner Regierung (2. Chr 34,3.8; 35,19).

Es liegt auf der Hand, dass Josia sein Reformwerk bereits begonnen hatte, als Zephanja weissagte. Es ist ebenfalls unstrittig, dass die Assyrer noch nicht von den Babyloniern besiegt worden waren (Zeph 2,13). Das geschah im Jahr 612 v. Chr. Somit ist der Zeitraum bereits weiter eingegrenzt. Bleibt die Frage, ob Zephanja geweissagt hat, bevor das Gesetzbuch im Jahr 622 v. Chr. im Tempel gefunden wurde oder danach. Bibelausleger vertreten beide Ansichten.

Es gibt einige gute Gründe, die dafür sprechen, dass Zephanja nach den großen Reformen Josias aufgetreten ist und nicht vorher. Der Zustand der Juden war äußerlich gut, aber innerlich schlecht. Folgende Gründe können genannt werden:

Einleitung

- Kapitel 1,4 spricht ausdrücklich von einem „Überrest des Baal" und außerdem von einer Mischreligion. Das setzt die Reinigung und einen Tempeldienst voraus, den es vor dem Reformwerk nicht gab.

- Es gibt Ähnlichkeiten mit den Weissagungen Jeremias, der eindeutig nach 622 v.Chr. geweissagt hat. Er beschreibt Judas Zustand ähnlich wie Zephanja (vgl. Jeremia 8,2 und 19,13 mit Zephanja 1,5 oder Jeremia 5,2.7 mit Zephanja 1,5b oder Jeremia 8,8.9 mit Zephanja 3,4).

- Die Tatsache, dass die Königssöhne fremde Kleider trugen, weist auf ein gewisses Alter hin, in dem sie eigene Entscheidungen trafen. Vor seinem Reformwerk war das kaum möglich.

- Zephanja weist mehrfach auf das Gesetz hin, so dass man davon ausgehen kann, dass der Priester Hilkija es bereits gefunden hatte.

Daraus folgt, dass Zephanja sehr wahrscheinlich nach 622 v.Chr. geweissagt hat, aber vor 612 v. Chr. Die Frage ist allerdings nicht von entscheidender Bedeutung. Sollte er vor 622 v. Chr. geweissagt haben, war seine Ansprache möglicherweise eine zusätzliche Motivation für Josia, sein begonnenes Reformationswerk zu intensivieren.

Ziel

Das Ziel des Buches ist mit wenigen Worten umrissen:

- Es geht erstens darum, das Gericht Gottes über Juda und über die Feinde anzukündigen. Die Botschaft enthält eine ernste Warnung vor dem „Tag des Herrn", der sehr bald kommen würde.

- Es geht zweitens um einen Weckruf an Juda, mit ihrem Götzendienst und ihrer Doppelherzigkeit zu brechen. Moralische und geistliche Missstände werden nicht nur angeprangert, sondern Herzen und Gewissen sollten erreicht werden, um das Volk Gottes zu Buße zu leiten. Der Appell zur Umkehr ist unüberhörbar.

- Es geht drittens darum, den gottesfürchtigen Überrest zu ermutigen. Es wird auf die Absicht Gottes hingewiesen, sein Volk schließlich im kommenden Reich zu segnen, wo der König in der Mitte seines Volkes sein wird.

- Es geht viertens darum, jeden Leser des Buches aufzuwecken, um seine eigene Standortbestimmung vorzunehmen. Wo stehen wir? Gleichen wir den Juden in der Zeit Zephanjas oder leben wir anders? Müssen sich Dinge in unserem Leben ändern? Dabei können wir ebenso an das persönliche Leben wie an das Leben in der Gemeinde denken.

Drei Sichtweisen

Man kann die schreibenden Propheten im Alten Testament mit drei verschiedenen „Brillen" lesen, d. h. es gibt drei unterschiedliche Sichtweisen:

1. die historische Bedeutung: Wir fragen, was die Botschaft im Kontext der Zeit bedeutet, in der die ursprünglichen Empfänger lebten. Warum war es nötig, dass Gott sie ansprach, wie haben sie die Worte Gottes verstanden und wie sollten sie darauf reagieren? Auf den historischen Kontext des Propheten Zephanja haben wir bereits verwiesen.

2. die prophetische (eschatologische) Bedeutung: Wir fragen, welche prophetische Bedeutung in dem Text steckt. Der Prophet Zephanja spricht über zukünftige Ereignisse. Er kündigt Gericht an und er kündigt Gnade an. Dabei stellt sich dem Leser vor allem die Frage, welche Weissagungen sich bereits erfüllt haben und welche sich noch erfüllen werden. Bei der Auslegung des Propheten Zephanja ist es unerlässlich, über die unmittelbare Gerichtserfüllung durch die Deportation der Juden nach Babylon hinaus weiter in die Zukunft zu schauen. Alle Weissagungen über den „Tag des Herrn" haben sich nämlich noch nicht erfüllt. Ihre Erfüllungen sind immer noch zukünftig und mit der Erscheinung des Herrn Jesus in Macht und Herrlichkeit verbunden. Gleiches gilt für die Botschaften der Gnade, die der Prophet ausspricht.

3. die praktische Bedeutung: Sobald man den Text historisch und prophetisch erschlossen hat, schließt sich die wichtige Frage an, was wir heute davon lernen sollen. Die Bibel sagt uns, dass alle Worte Gottes (die im Alten Testament eingeschlossen) eine Belehrung für uns enthalten (2. Tim 3,16). Das gilt auch für den Propheten Zephanja.

Wir werden deshalb im Lauf unserer Auslegung immer wieder auf diese drei Punkte zurückkommen.

Inhalt

J. N. Darby sieht zwei Hauptstoßrichtungen im Buch Zephanja: „Diese beiden Gegenstände bilden den Inhalt der zwei Hauptabteilungen der vorliegenden Weissagung: zunächst die Ankündigung der Absichten Gottes bezüglich des Gerichts, das Er vollstrecken will, und sodann die Schilderung des Zustandes, der das Gericht herbeiführt. Im Anschluss hieran wird … auf die Erfüllung der Gnadenratschlüsse Gottes und auf die Erscheinung des Messias hingewiesen, damit der Glaube des treuen Überrestes seines Volkes ermuntert und aufrechterhalten wird."[3]

> *Die Botschaft des Propheten Zephanja ist zuerst eine Gerichtsbotschaft. Zweitens ist sie ein leidenschaftlicher Appell zur Buße. Drittens ist sie eine Gnadenbotschaft. Gott überlässt uns nicht der Hoffnungslosigkeit. Am Ende kommt Er zu seinem Ziel.*

---

[3] J. N. Darby: *Der Prophet Zephanja* (in: Synopsis der Bücher der Bibel)

Einleitung

Die erste Botschaft des Propheten ist eine Gerichtsbotschaft. Dabei ist es wichtig, zu sehen, dass dieses Gericht von Gott selbst kommt und von Ihm ausgeübt wird. Zephanja beginnt mit dem Gericht über die Schöpfung, spricht dann ausführlich über das Gericht, das das abtrünnige Juda treffen wird. Im Zusammenhang mit diesem Gericht gibt der Prophet vor allem in Kapitel 1 manche Details über den Tag des Herrn. Kaum ein anderer Prophet spricht öfter über diese Gerichtszeit (Zeph 1,7–10.14–16.18; 2,2.3; 3,8.11.16). Es ist das zentrale Thema Zephanjas. Dieser Tag ist ein „großer Tag" (Zeph 1,14), ein Tag:

- des Schlachtopfers (Zeph 1,8)

- des Grimmes (Zeph 1,15.18)

- der Drangsal und der Bedrängnis (Zeph 1,15)

- des Verwüstens und der Verwüstung (Zeph 1,15)

- der Finsternis und der Dunkelheit (Zeph 1,15)

- des Gewölks und des Wolkendunkels (Zeph 1,15)

- der Posaune und des Kriegsgeschreis (Zeph 1,16)

- des Zorns (Zeph 2,2)

- der Beute (Zeph 3,8)

Zephanja – Gericht und Gnade

Schließlich werden in Kapitel 2 auch die umliegenden Nationen genannt, die dem Gericht nicht entkommen. Konkret genannt werden die Philister (heute der Gazastreifen) Ammon und Moab (heute Nord- und Mitteljordanien), Äthiopien (heute Sudan und Äthiopien), Assyrien und Ninive (heute Länder, die nördlich von Palästina liegen).

Es fällt auf, dass Gott sein Gericht über Juda ausführlich begründet. Der Prophet nennt das Fehlverhalten des Volkes beim Namen und nimmt dabei kein Blatt vor den Mund. Sie haben „gegen den Herrn" gesündigt (Zeph 1,17). Die wesentlichen Vorwürfe Gottes lauten wie folgt:

- Götzendienst, Okkultismus und Gottesdienst vermischt (Zeph 1,4–6)
- Sorglosigkeit und Lethargie (Zeph 1,12)
- Schamlosigkeit (Zeph 2,1; 3,5)
- Widerspenstigkeit (Zeph 3,1)
- Verunreinigung (Zeph 3,1)
- andere bedrücken (Zeph 3,1)
- Widerstand gegen Zucht (Zeph 3,2)
- kein Vertrauen auf Gott (Zeph 3,2)
- keine Nähe zu Gott (Zeph 3,2)
- die Führer versagen – Fürsten, Richter, Propheten, Priester (Zeph 3,4)

Einleitung

Doch Gott belässt es nicht dabei, das Gericht anzukündigen. Der Prophet appelliert leidenschaftlich an das Volk und fordert die Juden zur Buße auf (Kap 2,1.3; 3,7). Sein Appell lautet:

- geht in euch (schlagt in euch, nicht um euch)
- sammelt euch (kollektiv)
- sucht den Herrn (fragt nach seinem Willen)
- fürchtet Gott (ehrt Ihn, respektiert Ihn)

Das Ende des Buches (Kapitel 3) ist besonders zu Herzen gehend. Zephanja hat nicht nur eine Gerichtsbotschaft, sondern auch eine Gnadenbotschaft. Gott zeigt an, dass es für sein Volk und für die Nationen Hoffnung und Zukunft gibt. Der Tag kommt, an dem die Juden die Zurechtweisung annehmen und gerettet werden. Es wird einen Überrest geben, die Geringen und Elenden, die auf den Herrn vertrauen und einmal ein abgesondertes Volk für Gott sein werden. Es wird Freude in Zion und Israel sein (Kap 3,14.15). Doch nicht nur das. Gott selbst wird Freude an seinem Volk haben. Er wird in ihrer Mitte ein rettender Held sein, der sich freut und frohlockt und zugleich in seiner Liebe schweigt (Kap 3,17).

Der Tag des Herrn

Der „Tag des Herrn" ist ein zentrales Anliegen Zephanjas. Dieser Ausdruck kommt über 30-mal in den prophetischen Schriften des Alten Testaments vor und wir finden ihn ebenfalls im Neuen Testament.[4]

Wenn in der Bibel von einem „Tag" die Rede ist, ist damit nicht immer ein Tag von 24 Stunden gemeint. Ein „Tag" kann ebenso ein bestimmter Zeitabschnitt (eine Zeitperiode) sein, die von bestimmten spezifischen Merkmalen gekennzeichnet ist. So lesen wir z. B. von dem „Tag des Heils" (2. Kor 6,2) oder dem „Tag des Zorns" (Röm 2,5). Bei dem „Tag des Herrn" ist es ebenso. Der „Tag des Herrn" ist eine Zeitperiode, die dadurch gekennzeichnet sein wird, dass die Autorität und Herrschaft des Herrn Jesus öffentlich anerkannt wird.

Das Alte Testament zeigt bereits, dass es sich um die Zeitspanne handelt, in der der Messias als König kommt, um sein Friedensreich auf der Erde zu etablieren. Das Neue Testament bestätigt diese Aussagen und präzisiert sie. Diese Zeitperiode wird unter drei Gesichtspunkten gesehen:

➲ Die meisten Stellen sprechen von dem *Beginn* dieser Zeit, nämlich von den Gerichten, die dem 1000-jährigen Reich

---

[4] Dieser „Tag des Herrn" ist nicht mit dem Sonntag zu verwechseln, der tatsächlich ein Tag von 24 Stunden ist und in Offenbarung 1,10 „des Herrn Tag" genannt wird.

Einleitung

- vorangehen (z. B. Jes 13,9; Joel 2,11; Amos 5,18.19; Mal 3,19).

- Einige wenige Stellen sprechen vom eigentlichen Verlauf des *Reiches*, das tausend Jahre dauern wird. Im Alten Testament war das unbekannt. Den Israeliten war ein „ewiges Reich" vorausgesagt – *ewig* in dem Sinn, dass sich danach kein weiteres Reich anschließt.

- Nur das Neue Testament spricht von dem Ende des Reiches, das wiederum von Gericht gekennzeichnet ist. Es geht dann in den „Tag Gottes" (die Ewigkeit nach der Zeit) über (2. Pet 3,12.13).

Die Autorität des Herrn Jesus wird mit Füßen getreten. Satan regiert unter den Ungläubigen dieser Welt. Am Tag des Herrn aber wird alles wieder in Übereinstimmung mit Ihm gebracht werden. Gott wird alles unter die Füße des verherrlichten Menschen Jesus Christus stellen und in Ihm alles zusammenbringen (Eph 1,10). Er tritt sein Erbe an und wir erben mit Ihm.

Im Alten Testament erwähnen die Propheten Jesaja, Jeremia, Hesekiel, Obadja, Amos, Zephanja, Sacharja und Maleachi den „Tag des Herrn". Im Neuen Testament lesen wir an mehreren Stellen von diesem Tag (Apg 2,20; 1. Thes 5,2; 2. Thes 2,2; 2. Pet 3,10). Paulus spricht davon, dass der Tag des Herrn wie ein Dieb kommt (1. Thes 5,2). Der Anfang des Reiches ist durch furchtbare Gerichte mit unangenehmen Folgen gekennzeichnet, die plötzlich und unerwartet über die Menschen kommen werden, die dann in völliger Sorglosigkeit auf der Erde leben werden.

Zephanja – Gericht und Gnade

Wichtig für das Verständnis der Botschaft Zephanjas ist es, zu erkennen, dass dieser „Tag des Herrn" sich nicht erfüllt hat, als die Babylonier Juda einnahmen und Jerusalem zerstört haben. Dieses Gericht trug zwar den *Charakter* des „Tages des Herrn", die endgültige *Erfüllung* steht jedoch noch aus.

Im Zusammenhang mit diesem Gerichtstag ist zweimal von dem Feuer des Eifers Gottes die Rede (Kap 1,18; 3,8), ein Ausdruck, den wir sonst selten finden. Die Warnung vor diesem Tag wird zweimal mit dem Hinweis auf ein „Wehe" verbunden – einmal im Blick auf die Feinde und einmal im Blick auf Juda (Kap 2,5; 3,1). Gott warnt vor diesem Tag.

Besonderheiten

Es gibt eine Reihe von Besonderheiten, die den Propheten Zephanja kennzeichnen. Dazu zählen:

Verbindung zu anderen Propheten

Der Prophet Zephanja weist relativ viele Parallelen zu anderen Propheten auf. Das muss uns nicht verwundern, denn biblische Prophetie ist ein Ganzes. Die einzelnen Weissagungen gleichen Zahnrädern, die ineinandergreifen. Obwohl die Zeiten, in denen sie aufgeschrieben wurden und die Hintergründe sehr unterschiedlich waren, erkennen wir doch eine Harmonie und ein gemeinsames Ziel, auf das alles hinausläuft – die Herrlichkeit des Herrn im kommenden Reich.

Zephanja 1,7	Jesaja 13,6; 34,6
Zephanja 1,13	Amos 5,11
Zephanja 1,14–16	Joel 2,1.-2
Zephanja 1,15	Jesaja 22,5
Zephanja 2,13–15	Jesaja 34,13 – 15
Zephanja 3,10	Jesaja 18,1.7
Zephanja 3,12	Jesaja 14,32
Zephanja 3,19	Micha 4,6.7

Es gibt eine besondere Verbindung zwischen den Propheten Jeremia, Habakuk und Zephanja, die alle in etwa zur gleichen Zeit lebten.

W. Kelly schreibt: „Es gibt einen großen Unterschied zwischen den beiden kleineren Propheten und Jeremia: Zephanja behandelt die Herrlichkeit Gottes viel äußerlicher, während Habakuk viel mehr bei den notwendigen Herzensübungen ... verweilt. So greifen die beiden kleineren Propheten jeweils einen eigenen Punkt des Propheten Jeremia auf."[5]

In der Mitte

Wenn es um den zukünftigen Segen im Reich geht, gebraucht Zephanja viermal den Ausdruck „in der Mitte" (oder ähnlich). Das Volk, das sich von seinem Herrn abgewandt hatte, wird erleben, wie dieser Herr einmal der Mittelpunkt sein wird. Die

---
5 W. Kelly: *The Prophet Zephaniah*

Zephanja – Gericht und Gnade

Referenzstellen sind:

- Zephanja 3,5: Der Herr ist gerecht in ihrer Mitte, er tut kein Unrecht; Morgen für Morgen stellt er sein Recht ans Licht, ohne zu fehlen. Aber der Ungerechte kennt keine Scham.

- Zephanja 3,12: Und ich werde in deiner Mitte ein elendes und geringes Volk übriglassen, und sie werden zum Namen des Herrn Zuflucht nehmen.

- Zephanja 3,15: Der Herr hat deine Gerichte weggenommen, deinen Feind weggefegt; der König Israels, der Herr, ist in deiner Mitte, du wirst kein Unglück mehr sehen.

- Zephanja 3,17: Der Herr, dein Gott, ist in deiner Mitte, ein rettender Held. Er freut sich über dich mit Wonne, er schweigt in seiner Liebe, frohlockt über dich mit Jubel.

Zitate im Neuen Testament

Es gibt im Neuen Testament keine direkten Zitate aus dem Propheten Zephanja, wohl aber einige indirekte Anspielungen, z. B.

Matthäus 13,41	Zephanja 1,3
Offenbarung 6,17	Zephanja 1,2 ff.
Offenbarung 16,1	Zephanja 3,8
Offenbarung 14,5	Zephanja 3,13

Hinzu kommen die Erklärungen zum „Tag des Herrn" (z. B. in den beiden Briefen an die Thessalonicher), die ebenfalls indirekt auf die Weissagung Zephanjas hinweisen). [6]

Gliederung

Man kann das Buch Zephanja unterschiedlich einteilen. Es sind zwei große Teile erkennbar. Zunächst geht es um Gericht (Zeph 1,1–2,15). Dieser Gerichtsteil betrifft erstens die Schöpfung (Zeph 1,1–3), zweitens Juda (Zeph 1,4–2,3) und drittens die Nachbarvölker (Zeph 2,4–15). Kapitel 3 zeigt zunächst noch einmal die Sünde Judas (Zeph 3,1–8), bevor das große Finale eine herrliche Gnadenbotschaft enthält (Zeph 3,9–20).

Eine etwas detaillierte Einteilung kann man wie folgt vornehmen:

Einleitung

➲ Kapitel 1,1: Der Prophet Zephanja (Einleitung)

---

[6] Diese Anspielungen im Neuen Testament sind Beweise dafür, dass das Buch Zephanja in seiner prophetischen Bedeutung über die Zerstörung Jerusalems durch Nebukadnezar hinausgeht und auf eine noch kommende Zeit hinweist.

Zephanja – Gericht und Gnade

Hauptteil 1: Gericht und Gerechtigkeit

⮕ Kapitel 1,2.3: Gericht über die ganze Erde

⮕ Kapitel 1,4-6: Gericht über Juda wegen Götzendienst

⮕ Kapitel 1,7-13: der Tag des Herrn – Gericht über Jerusalem (Teil 1)

⮕ Kapitel 1,14-18: der Tag des Herrn – ein Tag des Gerichts (Teil 2)

⮕ Kapitel 2,1-3: ein Appell zur Buße

⮕ Kapitel 2,4-15: Gericht über die Feinde
  Teil 1: die Philister (Verse 4-7)
  Teil 2: Moab und Ammon (Verse 8-11)
  Teil 3: Äthiopien (Vers 12)
  Teil 4: Assyrien und Ninive (Verse 13-15)

⮕ Kapitel 3,1-4: erneute Anklage gegen Jerusalem

⮕ Kapitel 3,5-7: das gerechte Handeln Gottes im Gericht

⮕ Kapitel 3,8: Gottes Rechtsspruch

Hauptteil 2: Gnade und Segen

⮕ Kapitel 3,9-13: Gottes Absicht für die Völker und für Israel

⮕ Kapitel 3,14-20: ein rettender Held – Jubel in Jerusalem

Praktische Lektionen

Der Prophet Zephanja hat eine Botschaft für Gottes irdisches Volk, d. h. für die Juden bzw. die Kinder Israel. Das muss man zunächst erkennen. Nicht alles kann 1:1 auf die christliche Zeit übertragen werden[7]. Dennoch bleibt unbedingt wahr, dass der Prophet Zephanja für jeden, der ihn aufmerksam liest, eine Fülle von praktischen Lektionen enthält.

Das Wort des Herrn an sein Volk damals ist das Wort Gottes für uns. Es ist „lebendig und wirksam und schärfer als jedes zweischneidige Schwert und durchdringend bis zur Scheidung von Seele und Geist, sowohl der Gelenke als auch des Markes, und ein Beurteiler der Gedanken und Überlegungen des Herzens" (Heb 4,12).

Die hohe Praxisrelevanz ergibt sich vielleicht nicht auf den ersten Blick, aber beim genaueren Überdenken seiner Botschaft spüren wir, dass Gott direkt in unser Leben hineinspricht. Propheten sprechen aus der Gegenwart Gottes, um sein Volk aufzurütteln und zu veranlassen, notwendige Kurskorrekturen vorzunehmen. Zugleich ermutigen und motivieren sie die, die dem Herrn folgen möchten und deren Leben Ihm gehören soll. Genau das will Gott durch den Propheten Zephanja erreichen.

Wir werden im Lauf unserer Analyse der einzelnen Verse immer wieder auf diesen Punkt zurückkommen.

---

7   Ein Beispiel ist Zephanja 3,15. Dort ist die Rede davon, dass Gott die Gerichte wegnimmt und den Feind wegfegt. Eine solche Zusage haben wir Christen nicht. Gott nimmt für uns nicht die Gerichte weg, sondern Er nimmt uns vor den Gerichten weg (bei der Entrückung). Wir warten nicht darauf, dass unsere Feinde weggefegt werden, sondern dass wir aufgenommen werden in die Herrlichkeit.

Zwischenfazit

Beim Lesen des Propheten Zephanja erschrecken wir vielleicht über die direkte und unmissverständliche Ansprache Gottes. Es ist eine Botschaft des Gerichts, die wir nicht einfach überhören können. Juda hatte sich weit von Gott entfernt. Aber das Ziel Gottes war es, sein Volk mit dieser drastischen Sprache zur Buße zu veranlassen. Noch immer gilt, dass Gott sich nicht spotten lässt. Das göttliche Grundprinzip ist und bleibt, dass ein Mensch erntet, was er sät (Gal 6,7).

Die Gerichtsbotschaft Zephanjas muss jeden Leser erschrecken – und das in zwei Richtungen. Zum einen sollten wir unser eigenes Leben überdenken und wenn nötig, Veränderungen vornehmen. Es ist wahr, dass das Strafgericht Gottes – die ewige Verdammnis – keinen trifft, der Zuflucht zu dem Retter der Welt genommen hat. Und doch muss der Schrecken Gottes zum Weckruf aus unserer Gleichgültigkeit und Lethargie werden. Er muss uns auf- und durchrütteln. Zum anderen sollte der Schrecken uns motivieren, das Wort vom Kreuz den Menschen zu verkündigen, die ohne Gott leben (2. Kor 5,11). Das Neue Testament zeigt uns, welch ein furchtbares Gericht die Menschen treffen wird, die unter Gottes Zorn bleiben und Jesus Christus nicht als Retter annehmen (z. B. 2. Thes 1,6–9).

> *Der Prophet Zephanja lehrt uns den Schrecken des Herrn. Er hilft uns, in Hingabe und Gottesfurcht für Ihn und mit Ihm zu leben. Zugleich motiviert er uns, den Menschen gegenüber von unserem Herrn zu zeugen, bevor das gerechte Gericht Gottes sie trifft.*

Kapitel 1, Vers 1: Der Prophet Zephanja

Der erste Vers leitet das Buch ein. Der Leser wird über die *Quelle* der Botschaft und ihren *Überbringer* informiert. Der Schreiber betont zunächst, dass es das Wort des HERRN ist, das an ihn erging. Es geht nicht um seine eigene Botschaft, sondern um eine göttliche Botschaft. Zephanja war lediglich das Sprachrohr, das der HERR benutzte. Danach stellt Zephanja sich kurz vor und weist auf die Zeit hin, in der er lebt und im Auftrag Gottes weissagt.

 Vers 1: *„Das Wort des HERRN, das an Zephanja erging, den Sohn Kuschis, des Sohnes Gedaljas, des Sohnes Amarjas, des Sohnes Hiskijas, in den Tagen Josias, des Sohnes Amons, des Königs von Juda."*

Zephanja ist nicht der einzige Prophet, der gleich zu Beginn darauf hinweist, dass es ein „Wort des HERRN" war, das an ihn erging. Hosea, Joel und Micha beginnen mit exakt den gleichen Worten. Im Propheten Jeremia finden wir diesen Ausdruck sogar viermal, allerdings erst im Lauf des Buches (vgl. Jer 14,1; 46,1; 47,1; 49,34).

Zephanja – Gericht und Gnade

Der HERR (Jahwe) ist der Bundesgott Israels, der Gott, nach dessen Name das Volk genannt wurde (Jer 14,9). Über 33-mal kommt der Name „HERR" in den drei Kapiteln des Buches vor.[8] Noch bekennt Gott sich zu diesem Volk. Noch hat die Herrlichkeit das Haus Gottes, das ebenfalls nach seinem Namen genannt war (1. Kön 8,43), nicht verlassen. Obwohl sein Volk Ihn verlassen hat, bemüht sich Gott noch um sie, um ihre Herzen und Gewissen zu erreichen.

Gott ist der HERR, d. h. derjenige, der sich nicht verändert (Mal 3,6). Er ist der „Ich bin, der ich bin" (2. Mo 3,14). Gott steht zu seinem Wort. Er ist treu und unwandelbar. Das gilt für das Gericht, das Er ankündigt ebenso, wie für alle Zusagen, die Er seinem Volk gegeben hat. Er wird den Bund mit Abraham ebenso erfüllen wie den Bund mit David, d. h. der Segen des 1000-jährigen Reiches wird tatsächlich einmal kommen und Christus wird als König regieren.

> *Gott benutzt den Propheten Zephanja als Sprachrohr, doch die eigentliche Botschaft kommt von dem Herrn. Genau das ist eine der wesentlichen Aufgaben eines Propheten. Er redet im Auftrag Gottes zu den Menschen. Es handelt sich um eine göttliche Botschaft mit entsprechender Autorität.*

In jedem Kapitel ist die Rede davon, dass „der HERR spricht" (vgl. Zeph 1,1.2.3.10; 2,9; 3,8.20). Wir tun gut daran, diese Botschaft zu Herzen zu nehmen. „Das Wort" umfasst hier die gesamte Botschaft des Propheten, d. h. seine Gerichtsbotschaft ebenso wie den Ausblick auf den zukünftigen Segen. Die Gerichtsbotschaft

---

8 Insgesamt steht der Name „HERR" über 500-mal im Alten Testament. Der Name „Gott" (Elohim) kommt über 2500-mal vor, im Propheten Zephanja allerdings nur viermal.

hat sich zum Teil in dem Überfall der Babylonier erfüllt. Die endgültige Erfüllung ist allerdings ebenso zukünftig wie die Voraussage des Segens im kommenden Reich.

Christen stehen nicht in einer Bundesbeziehung zu dem Herrn. Dennoch gilt auch für uns, dass Gott treu ist. Er steht zu seinem Wort. Und Er bemüht sich, unsere Herzen und Gewissen durch sein Wort zu erreichen. Bis heute gibt es im Volk Gottes den „prophetischen Dienst" (1. Kor 14). Gott lässt das Licht seines Wortes in unsere Herzen scheinen, damit wir Fehlverhalten erkennen und es abstellen. Er lässt das Licht seines Wortes in unsere Herzen scheinen, damit wir den richtigen Weg finden und ihn gehen.

Es mag sein, dass Gott uns – wie damals Zephanja – als Sprachrohr benutzen möchte, um sein Wort in die Herzen anderer scheinen zu lassen. Der Apostel Petrus schreibt: „Wenn jemand redet, so rede er als Aussprüche Gottes; wenn jemand dient, so sei es als aus der Kraft, die Gott darreicht, damit in allem Gott verherrlicht werde durch Jesus Christus" (1. Pet 4,11). Es mag sein, dass Er andere benutzen möchte, um unsere Herzen und Gewissen zu erreichen. In beiden Fällen sollten wir uns dem Handeln Gottes nicht verschließen, sondern offen sein, seinen Willen zu tun.

Dann stellt Zephanja sich vor. Viel wissen wir nicht über ihn. Sicher ist nur seine Abstammung. Er ist ein „Sohn Kuschis, des Sohnes Gedaljas, des Sohnes Amarjas, des Sohnes Hiskijas". Vermutlich hat er in Jerusalem gelebt. Das kann man Einzelheiten seines Buches entnehmen, die zumindest erkennen lassen, dass er Jerusalem gut gekannt hat. Da er königlicher Abstammung war (sein Ururgroßvater war König Hiskia), liegt der Wohnort Jerusalem tatsächlich nahe.

Es ist einmalig im Alten Testament, dass ein Prophet seine Vorfahren bis zu vier Generationen angibt. Bei manchen Propheten kennen wir den Namen des Vaters und des Großvaters, denn die Juden sind sich üblicherweise ihrer Herkunft sehr bewusst. Aber der Ururgroßvater eines Propheten wird nur hier angegeben. Die Tatsache, dass er seine Abstammung bis auf Hiskia angibt, scheint darauf hinzuweisen, dass er ein Mann von Ansehen war, der Zugang zum Königshof hatte und damit manche Einzelheiten wusste, die anderen verborgen blieben. Es ist nicht auszuschließen, dass er sogar Einfluss darauf nahm, dass der junge König Josia sich anders entwickelte als seine gottlosen Vorgänger Ammon und Manasse.[9]

Zephanja ist in der Regierungszeit des gottlosen Königs Manasse geboren worden. Wir fragen uns, was seine Eltern bewogen hat, ihrem Sohn diesen Namen zu geben. Vielleicht ahnten sie, dass Gott Gericht bringen würde, und wünschten sich, dass Er ihren Sohn verbergen sollte. Interessant ist, dass Zephanja in Kapitel 2 selbst davon spricht, dass andere von Gott „verborgen" werden können: „Sucht den HERRN, alle ihr Sanftmütigen des Landes, die ihr sein Recht gewirkt habt; sucht Gerechtigkeit, sucht Demut; vielleicht werdet ihr am Tag des Zorns des HERRN geborgen" (Vers 3).

---

9   Es gibt möglicherweise noch einen anderen Grund, warum Zephanja nicht nur seinen Vater nennt, sondern auch die Generationen vorher. Der Name seines Vaters – Kuschi – bedeutet schwarz und könnte auf eine äthiopische Herkunft schließen lassen. Um deutlich zu machen, dass dies nicht der Fall ist, betont Zephanja seine jüdische Herkunft.

Kapitel 1, Vers 1: Der Prophet Zephanja

Die übrigen Personen, die genannt werden, sind uns unbekannt. Die Deutung ihrer Namen lässt jedoch – wie bei Zephanja – gewisse Rückschlüsse darauf zu, dass es sich um gottesfürchtige Namensgeber handelte. Mit Ausnahme des ersten (Kuschi = Schwarz) habe sie alle einen Bezug auf den HERRN.

- Gedalja: den der HERR groß macht
- Amarja: den der HERR versprochen (verheißen) hat
- Hiskija: den der HERR stärkt

Zephanja lebte in den Tagen Josias. Josia war der letzte gottesfürchtige König in Juda, bevor die Babylonier und König Nebukadnezar kamen, die Stadt und den Tempel zerstörten und den größten Teil der Juden nach Babel verschleppten. Er regierte von 640–609 v. Chr., also lange nachdem die zehn Stämme nach Assyrien verschleppt worden waren.

Unter Josia fand ein gewaltiges Reformationswerk in Juda statt. Josia suchte Gott bereits in jungen Jahren. Seine Reformen umfassten besonders folgende Bereiche:

- sein eigenes Haus
- die Juden in Jerusalem und Umgebung
- das Haus Gottes und den Gottesdienst
- die Rückkehr zum Wort (Gesetz) Gottes

Zephanja – Gericht und Gnade

Leider hatte der Eifer und das Reformwerk Josias keinen nachhaltigen Einfluss auf die Gesinnung des Volkes. Die Juden hatten sich – von Ausnahmen abgesehen – anscheinend nur äußerlich ihrem Gott zugewandt. Innerlich hingen sie nach wie vor an ihrem Götzendienst und lebten in Rebellion gegen Gott.

W. Kelly schreibt: „Nichts ist so geeignet, zu täuschen und zu enttäuschen, wie eine Woge des Segens, die sich über eine Nation ergießt, die so weit von der Rechtschaffenheit entfernt ist wie die Juden jener Tage. Josias herausragende Frömmigkeit, sein bemerkenswerter Eifer im konsequenten Umgang mit dem, was den Namen des Herrn entweihte, vor allem die Unterwerfung des Herzens unter das Wort Gottes, die ihn besonders auszeichnete, stellte die Nation keineswegs wieder her."[10]

> Die Zeit, in der wir leben, lässt sich einerseits nicht (mehr) mit der Zeit Josias vergleichen, denn ist es keine Zeit der Erweckung. Anderseits gibt es, was den Zustand des Volkes insgesamt betrifft, dennoch frappierende Parallelen. Es gibt viele Menschen, die sich Christen nennen, die eine „Form der Gottseligkeit" haben (2. Tim 3,5), und doch innerlich weit weg von Gott sind. Ein frommer Schein genügt nicht. Der gelegentliche – oder gar wöchentliche – Besuch eines Gottesdienstes reicht nicht aus. Getauft zu sein, rettet nicht für den Himmel. Wir werden im weiteren Verlauf sehen, was die „Zeit Josias" uns lehrt.

---

10   W. Kelly: *The Prophet Zephaniah*

Kapitel 1, Verse 2 und 3: Gericht über die ganze Erde

Die beiden ersten Verse leiten das Thema „Gericht" ein. Gott selbst übt dieses Gericht aus und es trifft die ganze Fläche des Erdbodens. Das Gericht ist universell und endgültig. Ohne den „Tag des HERRN" hier bereits zu nennen, nimmt diese Aussage genau darauf Bezug (vgl. Jes 13,9). Die beiden Verse sind wie eine Einleitung zu dem, was im weiteren Verlauf über das Gericht gesagt wird.

Damit gibt dieser Text aus dem Alten Testament eine Antwort auf die Spötterei der Spötter, die das Gericht Gottes anzweifeln und damit argumentieren, dass alles so bleiben wird, wie es immer war. Gottes Antwort darauf lautet: „Die jetzigen Himmel aber und die Erde sind durch dasselbe Wort aufbewahrt für das Feuer, behalten auf den Tag des Gerichts und des Verderbens der gottlosen Menschen" (2. Pet 3,3–7).

> *Die Tatsache, dass Gott einmal richten wird, schieben die meisten Menschen völlig zur Seite. Die Pessimisten gehen davon aus, dass die Menschheit sich am Ende selbst zerstört. Die Optimisten denken, dass alles irgendwann einmal besser werden wird und Menschen im Einklang mit der Natur und in Frieden zusammenleben werden. Beides sind Illusionen, die sich nicht erfüllen werden. Am Ende steht das Gericht Gottes.*

Zephanja – Gericht und Gnade

📖 *Verse 2 und 3: „Ich werde alles von der Fläche des Erdbodens ganz und gar wegraffen, spricht der Herrn; ich werde Menschen und Vieh wegraffen, ich werde wegraffen die Vögel des Himmels und die Fische des Meeres und die Anstoß Gebenden samt den Gottlosen; und ich werde die Menschen ausrotten von der Fläche des Erdbodens, spricht der Herr."*

Gott kündigt das Gericht an. Der Handelnde ist der Herr selbst und Er kündigt dieses Gericht auch ausdrücklich an („ich werde … spricht der Herr"). Er wird alles ganz und gar wegraffen, d. h. wegnehmen, vernichten, zerstören und ausrotten. Die „Fläche des Erdbodens" ist ein Ausdruck, der im Alten Testament wiederholt vorkommt (zum ersten Mal im Schöpfungsbericht in 1. Mo 2,6). Hesekiel spricht mit ähnlichen Worten von diesem Gericht, allerdings nicht ganz so drastisch wie Zephanja. Er sagt: „Und es werden vor mir beben die Fische des Meeres und die Vögel des Himmels und die Tiere des Feldes und alles Gewürm, das sich auf dem Erdboden regt, und alle Menschen, die auf der Fläche des Erdbodens sind; und die Berge werden niedergerissen werden, und die steilen Höhen werden einstürzen, und jede Mauer wird zu Boden fallen" (Hes 38,20). Auch Jesaja erwähnt dieses universelle Gericht: „Darum hat der Fluch die Erde verzehrt, und ihre Bewohner büßen; darum sind verbrannt die Bewohner der Erde, und wenig Menschen bleiben übrig" (Jes 24,6).

Kapitel 1, Vers 2 und 3: Gericht über die ganze Erde

Das Unglück trifft alle Lebewesen:

- die Menschen
- das Vieh
- die Vögel des Himmels
- die Fische des Meeres

Dabei fällt auf, dass die Reihenfolge gerade umgekehrt wie im Schöpfungsbericht ist (1. Mo 1,20–26). Es scheint fast, als ob Gott die Schöpfung „rückabwickeln" würde. Die Menschen wurden als Letztes geschaffen und werden als Erstes gerichtet werden.

P. Laügt schreibt: „Von den ersten Worten an überrascht die Prophezeiung durch ihren lebhaften Stil. Der Herr kündigt an, dass Er eine furchtbare Zerstörung über die Erde bringen wird, um die Menschen zu bestrafen. Alles wird vernichtet: Menschen und Tiere, bis hin zu den Vögeln des Himmels und den Fischen des Meeres. Diese detaillierte Aufzählung soll Schrecken vor der Universalität des Gerichts hervorrufen. Gott wird also den Götzen und ihren Verehrern ein Ende setzen. Es wird nicht nur auf das Land Israel Bezug genommen, wie andere Abschnitte dieses Buches belegen" (Zeph 1,17; 2,4.5.8.12.13).[11]

Die Schöpfung (d. h. die Pflanzen und Tiere) leiden unter dem Sündenfall des Menschen (Röm 8,19–23). Sie tragen keine

---
11 P. Laügt: *Der Prophet Zephanja* (in: bibelkommentare.de)

Schuld daran, leiden jedoch unter den Folgen dessen, was wir Menschen getan haben. Das Gericht wird paarweise vorgestellt, was wir an dem zweimal genannten Wort „wegraffen" erkennen können. Menschen und Vieh (geschaffen am sechsten Tag der Schöpfung) und die Vögel des Himmels und die Fische des Meeres (geschaffen am fünften Tag der Schöpfung) werden weggerafft.

Die Schuldigen sind wir Menschen. Deshalb wird das Gericht über die Menschen noch einmal besonders herausgestellt.

Es trifft:

- die Anstoß Gebenden (oder Trümmerhaufen): Gemeint sind wahrscheinlich die Götzenpriester (vgl. 2. Chr 28,23), im weitesten Sinn die Religiösen. Ausleger weisen darauf hin, dass es um das geht, was andere zu Fall bringt oder zu einem Trümmerhaufen macht (vgl. die Worte des Herrn in Mt 13,31).

- die Gottlosen: Gemeint sind Menschen, die in ihrem Leben nicht mit Gott rechnen (im weitesten Sinn die Nicht-Religiösen).

Die Aussage: „… und ich werde die Menschen ausrotten (vernichten) von der Fläche des Erdbodens, spricht der HERR" ist eine zusammenfassende Beschreibung. Im Grundtext handelt es sich um ein Wortspiel. Mensch ist „Adam" und Erde ist „Adama".

Kapitel 1, Vers 2 und 3: *Gericht über die ganze Erde*

Einige Ausleger denken, dass Zephanja hier an das Ende des Tages des Herrn, d. h. das Ende des 1000-jährigen Reiches, denkt, an dem das Gericht Gottes tatsächlich zu seinem endgültigen Ende kommt. Davon schreibt Petrus: „Es wird aber der Tag des Herrn kommen wie ein Dieb, an dem die Himmel vergehen werden mit gewaltigem Geräusch, die Elemente aber im Brand werden aufgelöst und die Erde und die Werke auf ihr werden verbrannt werden" (2. Pet 3,10). Die Worte „ganz und gar" könnten darauf hinweisen.

Andere Ausleger verbinden die Aussage mit der Zeit der großen Drangsal bzw. der Stunde der Versuchung, die dem kommenden Reich vorausgeht und von der Zephanja auch später spricht, wenn er den Tag des Herrn beschreibt. Das prophezeite Gericht wird nach der Entrückung der Gläubigen über die Erde kommen. Es ist der kommende Zorn (1. Thes 1,10). Wer die in der Offenbarung beschriebenen Gerichte liest (ab Kapitel 6), kann nur zu dem Ergebnis kommen, dass sie genau zu dem passen, was Zephanja hier beschreibt.

Diese Auslegung erscheint insofern plausibel, weil Gott in 1. Mose 6,7 (in Verbindung mit der großen Flut) ebenfalls davon spricht, dass Er alles „von der Fläche des Erdbodens" vertilgen wird, „vom Menschen bis zum Vieh, bis zum Gewürm und bis zu den Vögeln des Himmels". Doch dann wird in Vers 8 hinzugefügt: „Noah aber fand Gnade in den Augen des Herrn". Das wird in der kommenden Gerichtszeit ebenfalls so sein. Es wird einen Überrest geben, der Gnade findet und gerettet wird. Diesen Überrest finden wir in Kapitel 3 näher beschrieben. Das hier angekündigte Gericht scheint sich also auf die Gottlosen

Zephanja – Gericht und Gnade

zu beschränken, von denen tatsächlich kein Einziger in das kommende Reich auf der Erde eingehen wird.

Die große Flut ist ein Hinweis auf das weltweite Gericht in der „Zeit des Endes"[12] (d. h. vor der Aufrichtung des 1000-jährigen Reiches). Der Herr Jesus vergleicht diese Zeit mit der Zeit Noahs (Lk 17,24–27). Die Menschen dachten in der Zeit Noahs, dass alles so bleiben würde, wie es immer war.

> *Bis heute denken viele Menschen, dass alles immer so weitergeht wie bisher (2. Pet 3,4). Ein solches Denkmodell ist falsch, weil es Gott außen vorlässt. Der Ablauf der Ereignisse wird sich plötzlich ändern und das Gericht wird hereinbrechen.*

---

12 Dieser Ausdruck findet sich ausschließlich im Propheten Daniel. Er weist auf das Ende der Wege Gottes mit dem Menschen hin, bevor der Segen des 1000-jährigen Reiches kommt.

Kapitel 1, Vers 2 und 3: *Gericht über die ganze Erde*

Wir sollten nicht denken, dass Gericht Gottes über die Erde nicht kommen würde. Das Christentum entwickelt sich nicht zum Guten, sondern zum Schlechten. Der Niedergang ist nicht aufzuhalten und das Gericht kommt. Die Gläubigen der Gnadenzeit werden dieses Gericht allerdings ganz sicher nicht erleben. Wir werden vorher entrückt. Das Neue Testament sagt ausdrücklich, dass wir *„vor* der Stunde der Versuchung" bewahrt werden, die „über den ganzen Erdkreis kommen wird" (Off 3,10). Wir werden gerettet *„von* dem kommenden Zorn" (1. Thes 1,10). Wir werden nicht *in* den Gerichten und *durch* die Gerichte bewahrt, sondern vorher zu unserem Herrn gehen. Das macht uns einerseits völlig ruhig. Andererseits motiviert es uns, die Menschen zu warnen und ihnen zu sagen, dass es in Jesus Christus Rettung vor den Gerichten (und dem ewigen Gericht) gibt.

Zephanja *– Gericht und Gnade*

Kapitel 1, Verse 4–6: Gericht über Juda wegen Götzendienst

Nachdem Zephanja das Hauptthema – das Gericht Gottes – eingeleitet hat, geht er nun besonders auf Juda und Jerusalem ein. Das Nordreich war bereits nach Assyrien vertrieben worden. Deshalb konzentriert sich der Prophet auf das Südreich. Dieser Ablauf ist für das Alte Testament nicht untypisch. Gott stellt zunächst eine allgemeine Aussage voran und geht dann auf Details ein.

In diesem Abschnitt spricht Gott nun konkret über Juda und die Bewohner von Jerusalem. Sie trugen eine besondere Verantwortung, weil sie Gottes Volk waren (ihrer äußeren Stellung nach) und weil der Tempel – der Wohnort Gottes – in Jerusalem stand. Wenn Gottes Gericht die ganze Erde treffen wird, wie viel mehr dann sein privilegiertes Volk, das stolz auf seine äußerliche Nähe zu Gott war und sich doch innerlich weit weg von Ihm befand und gegen Ihn rebellierte.

Man mag sich wundern, dass Gott gerade in der Regierungszeit des gottesfürchtigen Königs Josia ein solches Urteil fällen muss und ein solches Gericht ankündigt. Das zeigt, dass das Werk des Königs für die meisten Juden keine Herzenssache war, und sie nur äußerlich folgten. Wir lernen, dass Gottes Augen immer tiefer sehen. Ihm kann niemand etwas vormachen.

Gottes Hand richtete sich direkt gegen diejenigen, die sich gegen Gott versündigten. Das Gericht wird ausführlich begründet und das Fehlverhalten des Volkes genannt. Man kann das Böse, das hier genannt wird, wie folgt kategorisieren:

a) Götzendienst und Götzenpriester (Überrest des Baal)

b) Anbetung des Heeres des Himmels (Sternanbeter auf den Dächern der Häuser)

c) gemischter Gottesdienst (dem HERRN und dem König schwören)

d) Leben ohne den HERRN (zurückweichen, nicht suchen, nicht nach Ihm fragen)

Gott richtet nicht willkürlich, sondern Er begründet das Gericht. Was Er den Juden vorwirft, ist in der Tat gravierend. Das erste der Zehn Gebote, die Gott seinem Volk gegeben hatte, lautete: „Du sollst keine anderen Götter haben neben mir" (2. Mo 20,3). Später hatte Gott das wiederholt: „Ihr sollt nicht anderen Göttern nachgehen, von den Göttern der Völker, die rings um euch her sind" (5. Mo 6,14). Genau darin hatte das Volk sich versündigt. Und Gott hatte auch das Gericht vorausgesagt, das kommen würde. „Und es wird geschehen, wenn du irgend den HERRN, deinen Gott, vergisst und anderen Göttern nachgehst und ihnen dienst und dich vor ihnen niederbeugst – ich zeuge heute gegen euch, dass ihr gewiss umkommen werdet" (5. Mo 8,19).

Kapitel 1, Verse 4-6: *Gericht über Juda wegen Götzendienst*

> Vers 4: „Und ich werde meine Hand ausstrecken gegen Juda und gegen alle Bewohner von Jerusalem. Und ich werde aus diesem Ort den Überrest des Baal, den Namen der Götzenpriester samt den Priestern ausrotten ..."

Wir lernen, wer das Gericht ausübt und wen es treffen wird. Der Handelnde ist Gott selbst. Er sagt: „Ich werde meine Hand ausstrecken". Die ausgestreckte Hand Gottes spricht von seinem machtvollen Eingreifen – sei es in der Schöpfung (vgl. Jer 27,5; 32,17), sei es zugunsten seines Volkes oder gegen sein Volk. In 2. Mose 3,20 kündigt Gott an, dass Er seine Hand gegen Ägypten ausstrecken würde, um den Pharao und sein Volk zu schlagen. Der Psalmdichter sagt: „Wenn ich inmitten der Bedrängnis wandle, wirst du mich beleben; gegen den Zorn meiner Feinde wirst du deine Hand ausstrecken, und deine Rechte wird mich retten" (Ps 138,7). Doch hier ist es anders. Die Hand Gottes richtet sich gegen sein eigenes Volk, das von Ihm abgefallen ist (vgl. Jes 9,11.16.20). Jerusalem wird besonders erwähnt, weil dort der Tempel stand, in dem der Gottesdienst stattfand. Götzendienst, gerade an diesem Ort, war eine besonders flagrante Beleidigung des wahren Gottes.

Kein gläubiger Christ muss die Sorge haben, dass Gottes Hand sich gegen ihn richtet, um ihn mit dem ewigen Tod zu bestrafen. Der Gläubige ist in Gottes Hand sicher geborgen. Aber wenn es um die Regierung Gottes hier auf der Erde geht, haben wir es sehr wohl mit einem Gott zu tun, der straft. Wenn wir uns von Ihm abwenden, eigene Wege gehen und Götzen in unserem Leben zulassen, haben wir Gott nicht auf unserer

> Seite. Dann sind wir Objekte seiner Zucht und Erziehung. Das Ziel Gottes ist es, uns wieder in die Gemeinschaft mit Ihm zu bringen. Hebräer 12,4–11 behandelt dieses Thema der väterlichen Zucht.

Dabei gibt es den wichtigen Grundsatz, dass das Gericht Gottes bei denen beginnt, die Ihm am nächsten sind. Hier sind es Juda und Jerusalem, dort stand der Tempel. Petrus sagt, dass das Gericht beim Haus Gottes beginnt. Das war damals so und das ist heute nicht anders (1. Pet 4,17).

Es mag sein, dass es damals nicht so deutlich sichtbar war, aber es gab immer noch einen Überrest des Baal, es gab die Namen der Götzenpriester und es gab Priester. Manasse, der Großvater Josias, hatte die Höhen wieder aufgebaut, die sein Vater Hiskia niedergerissen hatte. Er hatte dafür gesorgt, dass dem Baal Altäre gebaut worden waren (2. Chr 33,3) und der Baalsdienst praktiziert wurde. Josia hatte diesen Dienst erneut abgeschafft (2. Chr 34,4). „Und er schaffte die Götzenpriester ab, die die Könige von Juda eingesetzt hatten und die auf den Höhen, in den Städten von Juda und in der Umgebung von Jerusalem geräuchert hatten; und die, die dem Baal, der Sonne und dem Mond und dem Tierkreis und dem ganzen Heer des Himmels räucherten" (2. Kön 23,5). Dennoch gab es immer noch einen „Überrest" des Baal und andere okkulte Praktiken, d. h. Juden, die diesen Götzendienst praktizierten. Dieser Überrest würde völlig vernichtet werden. Im kommenden 1000-jährigen Reich wird es keine Spur von sichtbarem Götzenkult mehr geben.

Kapitel 1, Verse 4-6: Gericht über Juda wegen Götzendienst

Baal bedeutet „Herr" oder „Besitzer". Es handelt sich um einen kanaanitischen Fruchtbarkeitsgott (vgl. Ri 2,11.13), der auch in den Tagen Ahabs von vielen Israeliten angebetet wurde (1. Kön 18,22).[13] Der Dienst des Baal war mit höchst unmoralischen Praktiken verbunden. Hier steht Baal vermutlich als Synonym für jeglichen Götzenkult.

Gott spricht das Gericht aus und nimmt jede Erinnerung daran weg. Es heißt ausdrücklich, dass der *Name* der Götzenpriester (Baalspriester) ausgerottet wird. Wahrscheinlich handelt es sich um nicht-levitische Priester, die zu diesem heidnischen Götzendienst ernannt worden waren (vgl. 2. Kön 23,5; Hos 10,5). Die Priester, die separat genannt werden, sind vermutlich levitische Priester des HERRN, aber es sind solche, die das Heiligtum entweihen (vgl. Zeph 3,4). Die Ehre ihres Gottes ist ihnen egal. Das Entsetzliche an diesem Götzendienst war, dass er mit dem Dienst im Tempel vermischt wurde. Die in einem Atemzug genannten Priester sind die Priester, die einerseits Dienst für Gott taten und andererseits irgendwie mit dem Götzendienst verbunden waren.

> *„Was diesen Götzendienst so anstößig macht, ist die Verbindung der Götzen der Nationen mit dem Dienst für den Herrn. Ein reiner Götzendiener zu sein, wie wir es nennen würden, ist nicht annähernd so schlimm, wie zu zeigen, dass man den wahren Gott kennt und dennoch falsche Götter auf eine Stufe mit Ihm stellt. Ein solcher Frevel (o. Abfall) gegen Gott wird hier besonders beschrieben"* (W. Kelly: The Prophet of Zephania)

---

13 Neuere Funde von Steintafeln in Ugarit (Nordsyrien) zeigen, dass Baal nicht nur ein Fruchtbarkeitsgott war, sondern auch als Herr der Wolken, des Regens und des Sturms angesehen wurde.

> Die Botschaft Zephanjas ist sehr ernst für jeden, der bekennt, dass er sich nach Matthäus 18,20 im Namen des Herrn versammelt. Das Bekenntnis ist das eine, die Realität ist das andere. Wir können diesen Vers nicht für uns beanspruchen, ohne die Gegenwart des Herrn tatsächlich zu verwirklichen und uns entsprechend zu verhalten. Gott prüft uns, wie es wirklich um unser Leben steht (vgl. Mi 3,11). Es bleibt dabei, dass Gott sich nicht spotten lässt (Gal 6,7). Gott möchte, dass wir unser Leben prüfen, ob unser Herr wirklich den ersten und einzigen Platz bei uns hat oder ob wir den modernen Götzen unserer Zeit die Türen der Herzen längst geöffnet haben. Johannes warnt am Ende seines ersten Briefes ausdrücklich: „Kinder, hütet euch vor den Götzen" (1. Joh 5,21).

Wenn wir an die Zeit denken, die noch zukünftig ist, dann wird es in Israel erneut einen furchtbaren Götzendienst geben. Das ist dann nicht mehr der Götzendienst des Baal, sondern der des Antichrists, „der widersteht und sich erhöht über alles, was Gott heißt oder verehrungswürdig ist, so dass er sich in den Tempel Gottes setzt und sich selbst darstellt, dass er Gott sei" (2. Thes 2,4).

 📖 *Vers 5: „... und die, die auf den Dächern das Heer des Himmels anbeten, und die Anbetenden, die dem HERRN schwören und bei ihrem König schwören".*

Es werden zwei weitere Gruppen gezeigt, über die das Gericht kommen wird.

Kapitel 1, Verse 4-6: *Gericht über Juda wegen Götzendienst*

a) Menschen, die sich auf den Dächern vor dem Heer des Himmels niederbeugen, sind Anbeter der Himmelskörper. Sonne, Mond und Sterne galten ihnen als Gottheiten (eine Haltung vieler Heidenvölker ohne jede Kenntnis des wahren Gottes). Offensichtlich erwarteten sie durch die Bewegung der Sterne eine Aussage über die Zukunft. Astrologie ist eine alte Praktik, die nichts anderes als Götzendienst ist. Vor diesem Kult hatte Gott sein Volk ebenfalls ernstlich gewarnt: „So hütet eure Seelen sehr …, dass du deine Augen nicht zum Himmel erhebst und die Sonne und den Mond und die Sterne, das ganze Heer des Himmels, siehst und verleitet wirst und dich vor ihnen niederwirfst und ihnen dienst" (5. Mo 4,15.19; vgl. 5. Mo 17,3). Manasse hatte diese Warnungen in den Wind geschlagen und dafür gesorgt, dass dieser Kult in Juda betrieben wurde (vgl. 2. Kön 21,3.5). Josia wiederum war bestrebt, dem ein Ende zu bereiten (vgl. 2. Kön 23,4.5). Offensichtlich gab es aber Juden, die diese Art von Götzendienst zu Hause praktizierten, nämlich auf den flachen Dächern der Häuser, von wo aus man die Himmelskörper ungestört sehen und sich vor ihnen niederbeugen konnte. Gottes Urteil darüber lautet: „Und die Häuser von Jerusalem und die Häuser der Könige von Juda sollen unrein werden wie der Ort Tophet: alle Häuser, auf deren Dächern sie dem ganzen Heer des Himmels geräuchert und anderen Göttern Trankopfer gespendet haben" (Jer 19,13; vgl. Jer 32,29).

Zephanja – *Gericht und Gnade*

> Wenn wir an uns denken, sind solche „Anbeter der Himmelskörper" vielleicht Esoteriker oder Anhänger der New-Age-Lehre. Es gibt Menschen, die das „Licht" und das „Göttliche" in sich selbst sehen und nicht bei Gott suchen. Derartige Praktiken erscheinen uns möglicherweise weniger gefährlich, sie sind es aber nicht. Das Risiko, von unserem Herrn abgezogen zu werden, ist sehr groß. Wir können bei den Himmelskörpern aber auch an das denken, was die Unterhaltungsindustrie uns heute permanent anbietet, um uns zu zerstreuen und die Zeit zu rauben, die doch unserem Herrn gehört (YouTube, Facebook, Instagram und Co.).

b) Menschen, die dem Herrn schwören und zugleich bei ihrem König schwören, sind solche, die eine Kompromissreligion praktizieren.[14] Einerseits beten sie Gott an, andererseits den König. Mit dem „König" ist hier nicht Josia oder ein anderer irdischer König gemeint. Im Grundtext steht für „König" das Wort Malkam, das wahrscheinlich eine Anspielung auf den Götzen Milkom oder Moloch ist. Moloch war der Hauptgott der Ammoniter, dem u. a. Kinderopfer dargebracht wurden (Jer 32,35; 2. Kön 16,3; 21,6). Gott hatte sein Volk ausdrücklich vor solchen Menschenopfern gewarnt, weil sie dadurch den Namen Gottes entweihen würden (3. Mo 18,21).

---

14 Man spricht in diesem Zusammenhang von einem „religiösen Synkretismus". Gemeint ist eine Vermischung verschiedener religiöser Systeme und philosophischer Denksysteme. Im Neuen Testament finden wir eine solche Vermischung z. B. im Kolosserbrief. Dort bestand die Gefahr, die christliche Lehre mit philosophischem Gedankengut „anzureichern".

Kapitel 1, Verse 4-6: Gericht über Juda wegen Götzendienst

> Jede Kompromissreligion ist für Gott inakzeptabel. Er wird nie einen zweiten „Gott" neben sich dulden: „Kein Hausknecht kann zwei Herren dienen; denn entweder wird er den einen hassen und den anderen lieben oder er wird einem anhangen und den anderen verachten. Ihr könnt nicht Gott dienen und dem Mammon" (Lk 16,13). Gerade der Dienst des Mammon (Geldliebe und Habsucht) ist eine moderne Form des Götzendienstes (Kol 3,5). Wir können nicht des Tisches des Herrn teilhaftig sein (Gemeinschaft praktizieren) und zugleich der Dämonen Tische (1. Kor 10,21). Wir denken daran, was Elia dem Volk sagte: „Wie lange hinkt ihr auf beiden Seiten? Wenn der HERR der Gott ist, so wandelt ihm nach; wenn aber der Baal, so wandelt ihm nach!" (1. Kön 18,21). Unser Herr möchte, dass unsere Herzen ganz für Ihn schlagen. Ein „halber Christ" ist und bleibt ein „ganzer Unsinn".

📖 *Vers 6: „... und die, die von dem HERRN zurückweichen und die den HERRN nicht suchen noch nach ihm fragen."*

Die Liste der berechtigten Vorwürfe wird hiermit zunächst abgeschlossen. Es handelt sich um Menschen, die in ihrem Leben nicht wirklich mit Gott rechnen. Sie interessieren sich nicht für Ihn. Wir können sie als Gleichgültige und vielleicht sogar als Abtrünnige bezeichnen. Sie hatten an der Reform Josias irgendwie partizipiert, waren dann aber zu ihrem alten Leben zurückgekehrt.

a) Sie weichen von dem HERRN zurück: Es ist überaus ernst, eine gewisse äußere Nähe zu Gott gehabt, sich dann aber wieder abgewandt zu haben. Gott war aus dem Blickfeld dieser Juden verschwunden, selbst wenn sie vielleicht eine äußere Fassade beibehielten. Es ist denkbar, dass es hier speziell um solche geht, die Josia in seinem Reformwerk äußerlich gefolgt waren, dann aber nachgelassen hatten und zu ihrem alten Leben zurückgekehrt waren.

b) Sie suchen den HERRN nicht und fragen nicht nach Ihm: Das zeigt ihr Desinteresse und ihre Gleichgültigkeit an Gott und an seinem Willen. Den Herrn zu suchen bedeutet, sich intensiv für Ihn zu interessieren. Sie mögen nicht in Opposition zu Gott gewesen sein, aber sie waren auch nicht für Ihn. Gott erwartet von seinem Volk, dass es mit seinem ganzen Herzen und mit seiner ganzen Seele nach Ihm fragt und Ihn sucht (vgl. 5. Mo 4,29).

Beide Punkte kennzeichnen den gottlosen Menschen: „Der HERR hat vom Himmel herniedergeschaut auf die Menschenkinder, um zu sehen, ob ein Verständiger da sei, einer, der Gott suche. Alle sind abgewichen, sie sind allesamt verdorben; da ist keiner, der Gutes tut, auch nicht einer. Haben keine Erkenntnis alle, die Frevel tun, die mein Volk fressen, als äßen sie Brot? Den HERRN rufen sie nicht an" (Ps 14,2–4). Josia tat genau das Gegenteil (2. Chr 34,2.3.31), aber sie folgten seinem guten Beispiel nicht.

***Kapitel 1, Verse 4-6:** Gericht über Juda wegen Götzendienst*

Für uns gilt, dass niemand, der „die Hand an den Pflug gelegt hat und zurückblickt" für das Reich Gottes tauglich ist (Lk 9,62). Es ist sehr ernst, den Weg einmal mit dem Herrn gegangen zu sein und dann zurückzugehen. Unser Herr lässt sich von einer rein äußerlichen Nachfolge nicht blenden. Er möchte, dass wir Ihn von Herzen suchen. Es gilt, nach Gottes Reich und nach seiner Gerechtigkeit zu trachten (Mt 6,33). Wir sollen uns nicht nach dem Modell der Welt formen, sondern vielmehr prüfen, „was der gute und wohlgefällige und vollkommene Wille Gottes ist" (Röm 12,2). Dann fragen wir nach Ihm.

Zephanja *– Gericht und Gnade*

Kapitel 1, Verse 7–13: Der Tag des Herrn – Gericht über Jerusalem (1)

Kapitel 1, Verse 7–13: Der Tag des Herrn – Gericht über Jerusalem (Teil 1)

Nun beginnt der Prophet damit, den „Tag des Herrn" und das damit verbundene Gericht über Jerusalem zu beschreiben. Dabei wird immer wieder auf die Ursache des göttlichen Gerichtes hingewiesen, nämlich das Fehlverhalten der Juden. Die Vorwürfe haben einerseits mit dem *religiösen Leben* der Juden zu tun, andererseits wird besonders ihr *moralischer Lebensstil* von Gott beurteilt:

- Sitten und Gebräuche der Heiden werden übernommen. Die eigene Identität wird aufgegeben.

- Der Aberglaube ersetzt den wahren Glauben.

- Es herrschen Gewalttat und Betrug.

- Kaufleute handeln betrügerisch.

- Große Gleichgültigkeit und Ignoranz machen sich breit.

Gott verschont sein Volk nicht. Er durchleuchtet Jerusalem mit Leuchten und deckt alles auf, was an Fehlverhalten vorhanden ist, um es zu richten. Alle in Jerusalem sind betroffen. Einige Gruppen werden speziell genannt:

a) Menschen am Hof des Königs (Fürsten und Königssöhne)

b) Götzendiener und Gewalttätige

c) Händler und Kaufleute

d) Gleichgültige und träge Menschen

Der „Tag des Herrn" wird mit einem Tag des Schlachtopfers verglichen, an dem Tiere geopfert und Gäste zu einem Mahl geladen werden. Die Geladenen sind die Feinde (historisch die Babylonier), während das Opfer die Juden sind. Dreimal ist von „heimsuchen" (oder mustern) die Rede. Dem Auge Gottes entgeht nichts. Er wird das Böse bestrafen.

Der Zusammenhang zeigt deutlich, dass Zephanja in diesem Abschnitt nicht nur – und nicht einmal primär – über die Invasion Nebukadnezars schreibt, bei der Stadt und Tempel zerstört und die Juden nach Babel deportiert wurden. Dieses Ereignis – so schlimm es war – ist kein universelles Gericht gewesen. Man fragt sich deshalb, wie es kommt, dass Zephanja so schnell von dem historischen Gericht durch die Babylonier zu dem zukünftigen Gericht am „Tag des Herrn" übergeht, ein Ereignis, das bis heute noch nicht stattgefunden hat. Wie kann es sein, dass er diese beiden Themen so miteinander verbindet? Die Antwort lautet, dass die Invasion durch die Babylonier zwar

Kapitel 1, Verse 7–13: Der Tag des Herrn – Gericht über Jerusalem (1)

nicht der „Tag des HERRN" war, aber doch einige Charakterzüge dieses Tages trug. Für Zephanja war die Vernichtung von Stadt und Tempel so erschreckend, dass sie in der prophetischen Schau direkt mit dem Tag des Grimmes Gottes verbunden wird, der einmal über Israel und die ganze Welt kommen wird. Die Zerstörung Judas durch Nebukadnezar ist ein erster „Schritt", der auf das hinweist, was immer noch zukünftig ist.

📖 *Vers 7: „Still vor dem Herrn, HERRN! Denn nahe ist der Tag des HERRN; denn der HERR hat ein Schlachtopfer bereitet, er hat seine Geladenen geheiligt."*

Bevor das Gericht über die genannten Sünden denen angekündigt wird, die sie tun, fordert der Prophet zur Stille vor dem Herrn auf. Sie sollten schweigen. Es ist das einzige Mal in diesem Buch, dass Gott als der „Herr, HERR" bezeichnet wird.[15] Der „Herr" ist Adonai, d. h. der Meister, der Herrscher oder der Besitzer. Dieser Titel zeigt, dass Gott souverän und majestätisch ist. Der „HERR" ist Jahwe (Jehova), der ewig und unveränderlich ist. Beiden Tatsachen hatten die Juden keine Rechnung getragen. Nun werden sie aufgefordert, vor diesem Gott stille zu werden. Gemeint ist ein ehrfurchtsvolles Schweigen vor dem, der jetzt richten wird. „Mein ist die Rache und die Vergeltung für die Zeit, da ihr Fuß wanken wird; denn nahe ist der Tag ihres Verderbens, und was ihnen bevorsteht, eilt herbei" (5. Mo 32,35; vgl. Ps 94,1).

---

15 In anderen Büchern des Alten Testaments finden wir diese Doppelnennung häufig, vor allem im Propheten Hesekiel.

Zephanja – Gericht und Gnade

In Habakuk 2,20 wird die ganze Erde aufgefordert, vor dem Herrn in seinem heiligen Palast zu schweigen. Hier sind es die gottlosen Juden. Der Grund für die Aufforderung ist der Gerichtstag, der vor der Tür steht. Er ist nahe (vgl. Joel 1,15; Obad 1,15). Es mag sein, dass sich bei den Juden damals Protest regte, als sie die Worte Gottes durch Zephanja hörten. Doch nicht der Mensch hat das letzte Wort, sondern Gott. Die Juden mochten Ihn vergessen haben. Doch Er hatte sie nicht vergessen. Der Tag des Gerichts kommt. Es ist das erste Mal, dass dieser „Tag" in diesem Buch konkret genannt wird. Er kommt plötzlich und unerwartet. Er beginnt mit Gericht und geht dann in das 1000-jährige Reich über. Es geht also nicht nur darum, dass der Herr zum Gericht kommt, sondern weit darüber hinaus. Das Gericht ist der Startpunkt. Es wird ein furchtbares Gericht sein. Eine ganze Reihe von Propheten beschreiben diesen Tag und die damit verbundenen Schrecken.

Das Gericht wird hier mit einem Opfer verglichen – und zwar mit einem Schlachtopfer. Der Hinweis auf den Tod ist eindeutig. Was ein Opfer bedeutete, wussten die Juden nur zu gut. Opfer wurden täglich im Tempel dargebracht. Doch hier geht es um etwas anderes. Das Schlachtopfer sind die Juden selbst. Es ist bezeichnend, dass der Herr selbst dieses Schlachtopfer bereitet.

Auch an anderen Stellen finden wir diesen Vergleich des göttlichen Gerichts an Menschen mit einem Schlachtopfer. Jesaja schreibt: „... denn der Herr hat ein Schlachtopfer in Bozra und eine große Schlachtung im Land Edom" (Jes 34,6; vgl. Jer 46,10). Ebenso deutlich ist die Aussage in Hesekiel 39,17: „Und du, Menschensohn, so spricht der Herr, Herr: Sprich zu den Vögeln jeder Art und zu allen Tieren des Feldes: Versammelt

Kapitel 1, Verse 7–13: Der Tag des Herrn – Gericht über Jerusalem (1)

euch und kommt, sammelt euch von allen Seiten her zu meinem Schlachtopfer, das ich für euch schlachte, einem großen Schlachtopfer auf den Bergen Israels, und fresst Fleisch und trinkt Blut!"[16]

Es ist schon ein besonderer Moment, wenn Gott hier sozusagen die heidnischen Völker zu Priestern „heiligt", um sein eigenes Volk wie Opfertiere zu töten.[17] Damals waren es die Babylonier (vgl. Hab 1,6), in der Zukunft werden es die Nationen um Israel herum sein. Vermutlich sind sie die „Geladenen" (die Gäste), von denen Zephanja spricht.

> Wenn Gott Gericht ankündigt, ist es gut, dass der Mensch schweigt. Paulus spricht einmal davon, dass „jeder Mund verstopft werde und die ganze Welt dem Gericht Gottes verfallen sei" (Röm 3,19). Was für den Sünder gilt, gilt ebenso für uns. Gott ist ein verzehrendes Feuer und deshalb tun wir gut daran, vor Ihm zu schweigen, wenn Er in seiner Regierung mit uns ebenfalls von Gericht sprechen muss.

---

[16] In Offenbarung 19 ist von dem „großen Mahl Gottes" die Rede, zu dem eingeladen wird, um das „Fleisch von Königen" zu fressen „und Fleisch von Obersten und Fleisch von Starken und Fleisch von Pferden und von denen, die darauf sitzen, und Fleisch von allen, sowohl von Freien als Sklaven, sowohl von Kleinen als Großen" (Off 19,17.18). Dort betrifft das Gericht allerdings nicht die Juden, sondern die Nationen.

[17] Dabei fällt auf, dass es ebenfalls die „Geheiligten Gottes" sein werden, die einmal das Gericht über Babel vollziehen werden: „Ich habe meine Geheiligten entboten, auch meine Helden zu meinem Zorn gerufen, meine stolz Frohlockenden" (Jes 13,3).

Zephanja – Gericht und Gnade

📖 **Vers 8:** *„Und es wird geschehen am Tag des Schlachtopfers des HERRN, da werde ich die Fürsten und die Königssöhne heimsuchen und alle, die sich mit fremdländischer Kleidung bekleiden."*

Als erste Zielgruppe des Gerichts werden die Fürsten (oder die Obersten; vgl. 1. Kön 22,26) und die Königssöhne genannt. Gemeint sind die Mitglieder des königlichen Hofs, die politischen und religiösen Führer, die Ratgeber und die Hofbeamten. Offensichtlich handelt es sich um reiche und einflussreiche Personen, die es sich leisten konnten, Kleidung aus Ninive und besonders Babylon (vgl. Hes 23,15) zu tragen. Sie hätten ein positives Vorbild sein sollen, waren jedoch das Gegenteil. Es sollte zu denken geben, dass die erste öffentliche Sünde des Volkes Israel im Land Kanaan u. a. die Begierde Achans nach einem „schönen Mantel aus Sinear" war (Jos 7,21).

Es fällt auf, dass der König selbst (Josia) nicht genannt wird. Ihn persönlich traf der Vorwurf nicht. Es wird jedoch deutlich, dass sein Haus und sein Hof ihm in seinem großartigen Reformwerk innerlich – und scheinbar auch äußerlich – nicht wirklich folgten. Den Fürsten und Königssöhnen wird – zusammen mit anderen – vorgeworfen, sich mit fremdländischer Kleidung zu kleiden. Der Grund für das Gericht ist nicht ihre Position, sondern ihr Verhalten.

Kapitel 1, Verse 7–13: Der Tag des Herrn – Gericht über Jerusalem (1)

Die Genannten hatten eine besondere Verantwortung. Sie leisteten es sich, fremde und ausgefallene Kleidung zu tragen. Damit drückten sie einerseits ihre große Sympathie für die heidnischen Völkern aus, deren Wertevorstellungen und Praktiken sie übernommen hatten. Andererseits verachteten sie dadurch die von Gott gegebenen Kleidungsvorschriften (vgl. z. B. 4. Mo 15,38; 5. Mo 22,11 usw.). Die Vorliebe für den Kleidungsstil der fremden Völker verriet damit die schlechte Gesinnung des Herzens.

Es ist Gott selbst, der die Menschen an dem Tag des Gerichts heimsuchen wird, die dieser Sünden schuldig geworden sind. In Lukas 19,44 spricht der Herr Jesus davon, dass die Juden die Zeit ihrer Heimsuchung nicht erkannt hatten. Gott hatte sich alle Mühe mit seinem Volk gegeben. Er hatte die Juden immer wieder gewarnt. Doch sie wollten nicht hören. Nun war die „Heimsuchung" im Gericht unausweichlich. In Jesaja 10,3 fragt Er sein Volk: „Und was wollt ihr tun am Tag der Heimsuchung und beim Sturm, der von fern daherkommt? Zu wem wollt ihr fliehen um Hilfe und wohin eure Herrlichkeit in Sicherheit bringen?" Wiederholt ist in den Propheten von der „Heimsuchung" Gottes die Rede, der niemand entkommen wird.

Historisch hat sich das angekündigte Gericht an den Söhnen der letzten Könige von Juda buchstäblich erfüllt (vgl. 2. Kön 25,7; Jer 39,6). Prophetisch wird es sich erfüllen, wenn der Herr in Macht und Herrlichkeit erscheint.

Zephanja – Gericht und Gnade

Das Neue Testament gibt uns keine detaillierten Kleidungsvorschriften. Sie soll „anständig" und „sittsam" sein. Dennoch können wir den Vorwurf Gottes an sein Volk damals heute geistlich auf uns anwenden. Kleidung ist das, was andere an uns sehen. „Kleider machen Leute", so sagt der Volksmund. Es geht darum, wie wir als Christen unser Leben vor anderen führen und welches Zeugnis wir damit abgeben. Kleider sprechen von unserem *Bekenntnis*. Der Kolosserbrief zeigt die „geistliche Kleidergarderobe" des Christen (Kol 3,5–17). Paulus zeigt die hässlichen Dinge des alten Menschen, die wir abgelegt haben sollen. Zugleich zeigt er die Tugenden unseres Herrn, die wir angezogen haben sollen, d. h. die andere an uns sehen sollen. Dazu zählen:

> *Man beachte, dass Zephanja hier eigentlich über seine eigene Verwandtschaft schreibt. Als Nachkomme Hiskias gehörte er im erweiterten Sinn ebenfalls zu den Königssöhnen bzw. zur königlichen Familie. Doch er scheut sich nicht, ihr Fehlverhalten anzuprangern. Mancher ist schon in die sogenannte „Familienfalle" getappt. Solange die eigene Familie nicht betroffen ist, wird Fehlverhalten anderer Gläubiger klar gesehen und getadelt. Doch sobald die eigene Familie (der Ehepartner, die Kinder, leibliche Geschwister) betroffen ist, sieht das häufig anders aus. Plötzlich wird Fehlverhalten relativiert und schlechte Entwicklungen entschuldigt. Zephanja macht uns Mut, keine Rücksicht auf unsere Familie zu nehmen, wenn es um Böses geht, das zu beurteilen ist.*

„Herzliches Erbarmen, Güte, Demut, Sanftmut, Langmut" und andere Eigenschaften. Die Frage lautet, ob andere an unserem Verhalten erkennen können, dass wir Kinder Gottes sind und zu seiner Freude leben möchten. Wenn unser Verhalten den Prinzipien der Welt folgt und wir uns von ihrem Zeitgeist

Kapitel 1, Verse 7–13: Der Tag des Herrn – Gericht über Jerusalem (1)

> prägen lassen, dann tragen wir „fremdländische Kleidung", die nicht zu uns passt. Unsere Sprache, unser Lebensstil und letztlich sogar unsere Kleidung zeigen, wie es um unser Inneres bestellt ist. Dabei liegt eine besondere Verantwortung bei denen, die eine Leitungsfunktion haben (sei es in der Familie oder in der Gemeinde).

📖 *Vers 9: „Und an jenem Tag werde ich jeden heimsuchen, der über die Schwelle springt, alle, die das Haus ihres Herrn mit Gewalttat und Betrug erfüllen."*

Es folgt ein weiteres Fehlverhalten, mit dem an jenem Tag (dem Tag des HERRN) abgerechnet wird. Kein Einziger wird dem Gericht entkommen. Gott wird *jeden* heimsuchen.

Der Ausdruck „über die Schwelle springen" kann unterschiedlich erklärt werden:

a) Die erste Interpretation lautet, dass es um Menschen geht, die schnell zu Reichtum kommen wollen. Sie schrecken nicht davor zurück, „über die Schwelle zu springen", d. h. gewaltsam in die Häuser anderer einzudringen. Diese Erklärung scheint insofern plausibel, weil sie unmittelbar mit dem zweiten Satzteil verbunden werden kann, in dem von Gewalttat und Betrug gesprochen wird. Sie sprangen über die Schwelle der Häuser, um zu rauben und zu stehlen.

b) Die zweite Interpretation lautet, dass es um ein abergläubisches Verhalten geht, das vermutlich von Gottes Gericht an dem Gott der Philister (Dagon) herrührte (vgl. 1. Sam 5,5). Man meinte offensichtlich, dass die Schwelle der Türen von unheilvollen Gottheiten heimgesucht werde. Diese Erklärung erscheint insofern plausibel, weil das Wort „Schwelle" im Alten Testament an allen anderen Stellen mit einem Gotteshaus verbunden wird, sei es mit dem Tempel Gottes in Jerusalem (vgl. Hes 9,3; 10,4.18; 46,2; 47,1) oder eben dem Götzentempel Dagons (vgl. 1. Sam 5,4.5).

Dann werden solche genannt, die das Haus ihres Herrn mit Gewalttat und Betrug erfüllen. Das „Haus ihres Herrn" ist nicht der Tempel Gottes, sondern das Haus der Herren unter den Juden (das Wort, das hier für „Herr" gebraucht wird, zeigt, dass es nicht um Götter geht). Sklaven und Untergebene arbeiteten offensichtlich für ihre irdischen Herren, indem sie Gewalt und Betrug gebrauchten. Dafür werden sie zur Rechenschaft gezogen werden. Gewalttat, Korruption und Raub kennzeichnen häufig Zeiten des Abfalls. Einige bereichern sich auf Kosten anderer.

Niemand springt heute buchstäblich über eine Schwelle. Aber erstens sind uns Gewalt und Raub nicht unbekannt. Die Gefahr ist groß, sich auf Kosten anderer ungerechtfertigt zu bereichern. Und zweitens ist moderner Aberglaube durchaus weiter verbreitet, als man vielleicht denkt. Es gibt genügend Menschen, die auf ihr Horoskop vertrauen, auf Holz

Kapitel 1, Verse 7–13: Der Tag des Herrn – Gericht über Jerusalem (1)

> klopfen, eine schwarze Katze meiden, oder die Zahl „13" als Unglückzahl ansehen (Freitag, der dreizehnte, ist für viele ein Schrecken und manches Hotel weist immer noch keine dreizehnte Etage auf). Aberglaube, Gewalt und Betrug sind Sünden, die Gott ganz sicher richten wird.

📖 *Vers 10: „Und an jenem Tag, spricht der Herr, wird ein Geschrei vom Fischtor her erschallen und ein Geheul von der Unterstadt und lautes Jammern von den Hügeln her."*

Es wird zunächst noch einmal betont, wer spricht. Es ist der HERR, der Unveränderliche. Sein Wort erfüllt sich sicher. Daran ist nicht zu zweifeln.

Drei Orte werden genannt. Das Fischtor, die Unterstadt und die Hügel. Man gewinnt den Eindruck, dass der Schreiber gut mit den Gegebenheiten in Jerusalem vertraut war. Das Fischtor (heute das Damaskus-Tor) befand sich in der Nähe des Fischmarktes, vermutlich im Norden der Stadt.[18] Es wird noch dreimal im Alten Testament erwähnt (2. Chr 33,14; Neh 3,3; 12,39). Es ist denkbar, dass die Babylonier durch dieses Tor in die Stadt eingedrungen sind.[19] Es ist denkbar, dass der große Feind der Endzeit – der König des Nordens – ebenfalls von dort einbricht.

---

18 Ausleger sind sich in der Frage nicht einig, wo genau das Fischtor lag. Es spielt für die Auslegung keine Rolle.
19 Der Gedanke wir dadurch erhärtet, dass die Juden vermutlich südlich aus der Stadt flohen (2. Kön 25,4; Jer 39,4).

Die Unterstadt ist eigentlich der „zweite Stadtteil", im Westen und Norden des Tempelbezirks gelegen. Sie war eine Erweiterung der ursprünglichen Altstadt von Jerusalem. Dort wohnte in der Zeit Josias die Prophetin Hulda (2. Kön 22,14). Die Hügel sind entweder die Erhebungen außerhalb der Stadt oder die Hügel, auf denen Jerusalem erbaut war. So oder so ist klar, dass die komplette Stadt betroffen sein und zerstört werden wird.

Geschrei (Getöse, Donner), Geheul (Jammern) und lautes Jammern (Zertrümmerung, Zerschmettern) zeigen, wie furchtbar das Gericht war, das Jerusalem traf, als Nebukadnezars Soldaten in die Stadt eindrangen. Es kann sich sowohl um das Schreien um Hilfe handeln als auch um die Todesschreie der Sterbenden. Die Ausdrücke zeigen ebenfalls, wie schrecklich das Endgericht sein wird, das über Jerusalem hereinbrechen wird. Der Prophet Sacharja nennt Jerusalem eine „Taumelschale für alle Völker ringsum" (Sach 12,2). Das Leid wird unvorstellbar sein und es wird alle Bevölkerungsschichten treffen. Geschrei, Geheul und lautes Jammern stehen dabei in einem bemerkenswerten Kontrast zu der Stille in Vers 7.

📖 *Vers 11: „Heult, ihr Bewohner von Maktesch! Denn alles Händlervolk ist vernichtet, alle mit Silber Beladenen sind ausgerottet."*

Kapitel 1, Verse 7–13: Der Tag des Herrn – Gericht über Jerusalem (1)

Nicht genug, dass das Volk einmal heulen und jammern wird. Gott fordert direkt dazu auf. Maktesch ist ein Teil Jerusalems, in dem Kaufleute und Händler[20] wohnten und ihrer Arbeit nachgingen. Das Wort bedeutet „Höhlung" oder „Mörser" (Ri 15,19; Spr 27,22). Dem Handel wird ein Ende bereitet und die Händler selbst werden vernichtet (vertilgt) und ausgerottet (abgeschnitten). Das Silber weist auf den Handelsgewinn hin, der möglicherweise auf unredliche Art und Weise erworben worden war (vgl. Hos 12,8). Ihr Reichtum und ihr Luxus werden ihnen nicht helfen. Es geht ihnen nach den Worten von Jakobus: „Wohlan nun, ihr Reichen, weint und heult über euer Elend, das über euch kommt" (Jak 5,1). Das gesamte Wirtschafts- und Finanzsystem Jerusalems wird völlig kollabieren.

> H. A. Ironside schreibt: „Es ist eine Sache von großer Bedeutung, was die Schrift über den wahnsinnigen Rausch nach Gold und Silber in den letzten Tagen sagt. Von diesem Standpunkt aus betrachtet, bietet die Welt heute ein erstaunliches Schauspiel. Handel ist der Baal unserer Zeit. Durch den großen Wohlstand werden das Gewissen und der christliche Glaube beiseitegeschoben. Gold ist König und Gott. Für Gold opfert ein Mensch alle seine Prinzipien, Menschlichkeit und Heiligkeit. Habgier ist die beherrschende Leidenschaft unseres Zeitalters. Die Schrift versichert uns, dass dies eintreten wird, und betont, dass dies ein Zeichen dafür ist, dass das Ende nahe ist. Glückselig die Heiligen, die sich dieses unheiligen Zeitgeistes enthalten haben und sich an Nahrung und Kleidung genügen lassen."[21]

---

20 Das Wort „Händlervolk" kann auch mit „Kanaaniter" oder „Leute Kanaans" übersetzt werden. Hier handelt es sich um Juden, die sich wie die Kanaaniter verhielten, die ihre Feinde waren.
21 H. A. Ironside: *The Prophet Zephaniah*

Altes und Neues Testament warnen nicht vor dem Reichtum, aber vor den besonderen Gefahren, die damit verbunden sind. Eine materialistische Lebensführung kann nicht nach Gottes Gedanken sein:

- „Hüte dich, dass du den Herrn, deinen Gott, nicht vergisst, so dass du seine Gebote und seine Rechte und seine Satzungen nicht hältst, die ich dir heute gebiete, damit sich dein Herz nicht erhebt, wenn du isst und satt wirst und schöne Häuser baust und bewohnst" (5. Mo 8,11.12).

> *Wenn unser Lebensziel nur darin besteht, Wohlstand zu erreichen, zu erhalten und zu vermehren, werden wir unabhängig von Gott. Damit verbunden werden wir weniger Zeit für sein Reich und sein Werk haben. Die Folgen davon sind gravierend. Das Beispiel des reichen Bauern in Lukas 12,16–21 dient zur Warnung. Jünger des Herrn sollten der Fürsorge ihres Vaters im Himmel vertrauen, nach seinem Reich trachten und sich einen Schatz im Himmel sammeln (Lk 12,22–34).*

- „Wenn der Reichtum wächst, so setzt euer Herz nicht darauf" (Ps 62,11).

- „Wer auf seinen Reichtum vertraut, der wird fallen; aber die Gerechten werden sprossen wie Laub" (Spr 11,28).

- „Den Reichen in dem jetzigen Zeitlauf gebiete, nicht hochmütig zu sein noch auf die Ungewissheit des Reichtums Hoffnung zu setzen, sondern auf Gott, der uns alles reichlich darreicht zum Genuss" (1. Tim 6,17).

Kapitel 1, Verse 7–13: Der Tag des Herrn – Gericht über Jerusalem (1)

📖 *Vers 12: „Und es wird geschehen zu jener Zeit, da werde ich Jerusalem mit Leuchten durchsuchen; und ich werde die Männer heimsuchen, die auf ihren Hefen liegen, die in ihrem Herzen sprechen: Der HERR tut nichts Gutes und tut nichts Böses."*

Noch immer geht es um den „Tag des HERRN". Gott wird Jerusalem mit Leuchten durchleuchten. Gott macht sich auf, um die Menschen zu suchen. Er tut das präzise und nachhaltig. Er durchsucht die entlegensten Orte, um jede Ungerechtigkeit zu offenbaren. Dieses Suchen und Leuchten ist nicht mehr eine Aktivität der Gnade, die dem verlorenen Sünder nachgeht (vgl. Lukas 15). Es ist auch kein Suchen mehr nach denen, die in der Stadt über die Gräuel seufzen, die in ihrer Mitte geschehen (Hes 9,4). Es ist vielmehr so, dass Gott alles durchleuchtet, um die Übertreter zu richten. Kein Einziger wird dem Gericht entkommen.

Durch den Propheten Amos richtet Gott ein ernstes Wort an sein Volk: „Wenn sie in den Scheol einbrechen, wird meine Hand sie von dort holen; und wenn sie in den Himmel hinaufsteigen, werde ich sie von dort herabbringen; und wenn sie sich auf dem Gipfel des Karmel verbergen, werde ich sie von dort hervorsuchen und holen; und wenn sie sich vor meinen Augen weg im Meeresgrund verstecken, werde ich von dort der Schlange gebieten, und sie wird sie beißen; und wenn sie vor ihren Feinden her in die Gefangenschaft ziehen, werde ich von dort dem Schwert gebieten, und es wird sie umbringen. Und ich werde mein Auge gegen sie richten zum Bösen und nicht zum Guten" (Amos 9,2–4; vgl. Ps 139,11.12).

Zephanja – Gericht und Gnade

Der jüdische Geschichtsschreiber Flavius Josephus berichtet, dass viele der vornehmen Juden sich bei dem Angriff der Babylonier in Kellern, in Höhlen und selbst in der Kanalisation versteckten und dennoch aufgegriffen wurden. Niemand ist dem Gericht entkommen. In der Zukunft wird das nicht anders sein.

Erneut werden zwei Übel aufgedeckt:

a) Es gibt Männer, die auf ihren Hefen liegen: Gott wird sie heimsuchen, d. h., sie entgehen dem Gericht nicht. Auf den Hefen zu liegen ist ein bildhafter Ausdruck dafür, dass jemand sorglos, selbstzufrieden und gleichgültig in sittlichem oder religiösem Fehlverhalten verharrt (vgl. die Beschreibung Moabs in Jer 48,11). Gott zeigt damit den Zustand von Menschen, die nicht durch Prüfung gereinigt worden sind. Hefen sind bittere und unreine Stoffe, die sich beim Gären des Weins bilden und als Bodensatz zurückbleiben. Hat sich Hefe abgesetzt, muss der Wein in ein anderes Fass gegossen werden. Passiert das nicht, bleibt der Wein auf den Hefen „liegen". Er wird unrein und ungenießbar.

b) Diese Männer sprechen in ihrem Herzen: Ihr Herz ist böse und deshalb gehen sie davon aus, dass alles so bleibt, wie es ist. Sie trauen dem HERRN das Gericht nicht zu. Das ist die Folge davon, dass sie in einem schlechten moralischen Zustand sind. Sie leugnen nicht offen, dass Gott existiert, sondern dass Er in das Zeitgeschehen und in ihr Leben ein-

Kapitel 1, Verse 7–13: Der Tag des Herrn – Gericht über Jerusalem (1)

greift. Sie behaupten, Er tut nichts Gutes und nichts Böses, d. h., Er segnet nicht und Er straft nicht. Damit wäre Er nicht anders als die Götter der Menschen, für die das zutrifft. Solche Menschen gleichen den Frevlern, die sagen: „Was könnte der Allmächtige für uns tun?" (Hiob 22,17). Jeremia geht noch weiter und wirft ihnen vor: „Sie haben den HERRN verleugnet und gesagt: Er ist nicht; und kein Unglück wird über uns kommen, und Schwert und Hunger werden wir nicht sehen" (Jer 5,12).

Gott möchte heute jeden Menschen in sein Licht bringen. Das göttliche Licht scheint in der Finsternis. Wenn dieses Licht jedoch abgelehnt wird und niemand mehr in Bewegung bringt, bleibt nur Gericht. Es wird kommen. Petrus spricht sehr ernst über die Spötter der letzten Tage, die bezweifeln, dass Jesus Christus einmal wiederkommt. Sie werden es erleben, dass der „Tag des Gerichts" kommt und die gottlosen Menschen verderben wird (2. Pet 3,3–7).

Doch vergessen wir nicht, dass Gott auch das Leben seiner Kinder durchleuchtet: „… kein Geschöpf ist vor ihm unsichtbar, sondern alles ist bloß und aufgedeckt vor den Augen dessen, mit dem wir es zu tun haben" (Heb 4,13). „Der HERR erforscht alle Herzen, und alles Gebilde der Gedanken kennt er" (1. Chr 28,9). Das prüfende Auge Gottes ist über uns. Er wird die „Schlacken" in unserem Leben entfernen – und das kann durchaus schmerzhaft sein. Für uns bedeutet dies nicht das ewige Gericht, sondern dass Gott in seiner zeitlichen Regierung mit uns handelt und uns erzieht.

Zephanja – Gericht und Gnade

Unser Licht ist das Wort Gottes, das alles in unserem Leben beurteilt. Darüber hinaus hat Gott uns ein Gewissen gegeben, das ebenfalls wie eine Lampe fungiert. Schließlich kann Gott uns durch bestimmte Ereignisse plötzlich in sein Licht stellen. Wir sollten diesem Licht nicht ausweichen, sondern vor Gott aufdecken, was in unsrem Leben falsch läuft, und es dann mit seiner Hilfe abstellen.

> *Kann es nicht sein, dass wir auch manchmal auf unseren „Hefen liegen", dass wir untätig, träge, gleichgültig und selbstzufrieden leben und wenig nach Gott fragen? Die Botschaft Zephanjas will uns wachrütteln. Wenn Gottes Wort in unserem Leben nichts mehr ausrichtet und uns nicht in Bewegung bringt, dann liegen wir auf unseren „Hefen". Und dann stimmt etwas nicht mit uns. Wenn wir Gottes Wort den verlorenen Menschen nicht mehr weitersagen, dann liegen wir ebenfalls auf unseren „Hefen". Christliches Leben ist bewegtes Leben. Gottes Wort will unsere Herzen und Gewissen berühren.*

📖 *Vers 13: „Und ihr Vermögen wird zum Raub, und ihre Häuser werden zur Wüste werden; und sie werden Häuser bauen und sie nicht bewohnen, und Weinberge pflanzen und deren Wein nicht trinken."*

Genau dieses Gericht hatte Gott durch Mose bereits angekündigt: Ihr Ungehorsam führt dahin, dass sie Häuser bauen und nicht darin wohnen, Weinberge pflanzen und nicht davon essen (vgl. 5. Mo 28,30; vgl. Amos 5,11; Mich 6,15). Das würde nun sehr bald wahr werden. Gott steht zu seinem Wort – sei es in Gnade, sei es im Gericht.

Kapitel 1, Verse 7–13: Der Tag des Herrn – Gericht über Jerusalem (1)

Das Vermögen (materiell und immateriell) mag mühsam eingesammelt worden sein. Es wird zum Raub (Beute, Plünderung) werden. Von einem Tag zum anderen ist es verschwunden. Andere werden es in Besitz nehmen. Die Häuser mögen der Stolz des Besitzers gewesen sein. Sie werden zerstört und zur Wüste (oder Einöde) werden. Niemand wird je wieder darin wohnen. Weinberge wurden zur Freude und zum Genuss gepflanzt – eine Freude, die sich nie realisiert hat.

Der zweite Teil des Verses deutet darauf hin, dass die Juden bis unmittelbar vor dem Gericht weiter Häuser gebaut und Weinberge gepflanzt haben. Die Bedrohung war da, aber sie wurde nicht wahrgenommen. Ein tragischer Irrtum. Eine Illusion.

Die Ansprache für uns liegt auf Hand. Dem reichen Kornbauern wurde die Frage gestellt: „… was du aber bereitet hast, für wen wird es sein?" (Lk 12,20). Wir wollen dieser Frage nicht ausweichen. Worauf ist unser Leben fokussiert? Der Schatz im Himmel ist das, worauf es ankommt. Vermögen und Ansehen auf der Erde kommen zu einem Ende. Wir nehmen kein Konto, kein Haus, kein Auto, keinen Titel, keine Ehrenurkunde und keine Auszeichnung mit in den Himmel. Und das Ende jeder irdischen Freude ist Traurigkeit (Spr 14,13). Die Freude ist oft sehr kurz. Die Trauer lang. Wir wollen unser Leben im Licht dieses Verses neu überdenken und – wenn erforderlich – Korrekturen vornehmen.

Zephanja – Gericht und Gnade

Einige Jahrzehnte später stellt Gott den aus dem Exil zurückgekehrten Juden durch den Propheten Haggai sehr ernste Fragen. „Ist es für euch selbst Zeit, in euren getäfelten Häusern zu wohnen, während dieses Haus wüst liegt?" (Hag 1,4). „Ihr habt nach vielem ausgeschaut, und siehe, es wurde wenig; und brachtet ihr es heim, so blies ich hinein. Weshalb das?, spricht der HERR der Heerscharen. Wegen meines Hauses, das wüst liegt, während ihr lauft, jeder für sein eigenes Haus" (Hag 1,9). Es kann ein Gericht Gottes sein, wenn plötzlich aller Besitz geraubt wird. Unser Aktienpaket, unsere Lebensversicherung, unser Haus. Die Frage ist, ob wir unser „Vermögen" für den Herrn nutzen oder ob wir darauf unser Vertrauen setzen und es nur für uns selbst behalten wollen. Der Herr sagt uns: „Denn wo dein Schatz ist, da wird auch dein Herz sein" (Mt 6,21).

Kapitel 1, Verse 14–18: Der Tag des Herrn – ein Tag des Gerichts (Teil 2)

Die Anklage gegen Juda und Jerusalem wird unterbrochen. Die Verse 14–18 konzentrieren sich darauf zu zeigen, wie schrecklich das Gericht an dem „Tag des Herrn" sein wird. Kein Gottloser wird diesem Gericht entgehen und keiner kann Einspruch dagegen erheben. Das Gericht trifft vor allem die Juden, aber letztlich sind alle Menschen betroffen, die dann leben werden, wenn diese Zeit anbricht. Der Tag des Herrn ist nahe. Die Zeit eilt. Es ist ein Tag, den Zephanja mit verschiedenen Ausdrücken bezeichnet:

- Tag des Grimms
- Tag der Drangsal und der Bedrängnis
- Tag des Verwüstens und der Verwüstung
- Tag der Finsternis und der Dunkelheit
- Tag des Gewölks und des Wolkendunkels
- Tag der Posaune und des Kriegsgeschreis

Helden werden bitterlich schreien. Menschen werden sich

ängstigen. Sie finden keinen Ausweg und werden den Tod erleiden. Und nicht nur das. Ihre Leichname werden geschändet. Nichts und niemand wird sie retten können, weder Silber noch Gold. Der Grimm des Herrn und das Feuer seines Eifers wird alles verzehren. Dieses Gericht wird plötzlich kommen und es wird vor allem Juda treffen.

Beim Überdenken dieses Abschnitts wird noch einmal deutlich, dass Zephanja unmöglich nur an den Einfall der Babylonier gedacht haben kann, der damals kurz bevorstand, sondern dass es um den großen „Tag des HERRN" geht, der noch zukünftig ist.

  Vers 14: „Nahe ist der große Tag des HERRN; er ist nahe und eilt sehr. Horch, der Tag des HERRN! Bitterlich schreit dort der Held."

Gott macht seinem Volk klar, dass das Gericht vor der Tür steht. Es war Sekunden vor zwölf Uhr. Ihre Sorglosigkeit war völlig unangebracht. Zweimal wird gesagt, dass der Tag nahe ist: Um den Gedanken zu unterstreichen, wird gesagt, dass er sehr eilt. Zudem wird dieser Tag einer „großer Tag" genannt. Das erinnert an Offenbarung 6,17: „… denn gekommen ist der große Tag seines Zorns, und wer vermag zu bestehen?" (Off 6,17). Der Tag ist groß wegen der furchtbaren Gerichte und ihrer Folgen. Durch den Propheten Joel lässt Gott sagen: „Und der HERR lässt vor seiner Heeresmacht her seine Stimme erschallen, denn sein Heerlager ist sehr groß, denn der Vollstrecker seines Wortes ist mächtig; denn groß ist der Tag des HERRN und sehr furchtbar, und wer kann ihn ertragen?" (Joel 2,11).

Kapitel 1, Verse 14–18: Der Tag des Herrn – Gericht über Jerusalem (2)

Die Menschen werden aufgefordert, wachsam zu sein und zu „horchen". Sie sollen aus ihrer Lethargie erwachen. Wenn sie das täten, würden sie erkennen, wie nah und wie furchtbar das Gericht ist. Sie würden bereits die bitteren Schreie der Krieger hören. Doch viel mehr als das sollten sie auf die Stimme des HERRN hören. Jeremia beschreibt das mit folgenden Worten: „Der HERR wird brüllen aus der Höhe und seine Stimme erschallen lassen aus seiner heiligen Wohnung; brüllen wird er gegen seine Wohnstätte, einen lauten Ruf erheben, wie die Keltertreter, gegen alle Bewohner der Erde" (Jer 25,30; vgl. Amos 1,2). Die Menschen werden gut daran tun, auf dieses Brüllen zu hören.

> Wir warten nicht auf das „Brüllen" des Herrn im Gericht, sondern wir warten auf den, der mit „gebietendem Zuruf, mit der Stimme eines Erzengels und mit der Posaune Gottes" vom Himmel kommen und uns dahin bringen wird, wo Er ist (vgl. 1. Thes 4,16).

Die erwähnten Helden sind nicht die Invasoren, sondern die Soldaten Judas. Sie mögen noch so tapfer sein, es bleibt ihnen nur bitteres (betrübtes) Schreien. Das Wort „Schreien" kommt im Alten Testament nur noch einmal vor, und zwar in Jesaja 42,13, wo von einem „gellenden Kriegsgeschrei" die Rede ist. Viele der „Helden" haben ihr Leben gelassen, andere wurde in die Gefangenschaft geführt. 606 v. Chr. wurde Juda unter König Jojakim zu einem Vasallen Babylons, viele tüchtige junge Männer wurden verschleppt, unter ihnen Daniel und seine

Freunde. 597 v. Chr. wurde Jerusalem unter Jokakin erneut belagert und besiegt. Wieder starben viele und Tausende wurde deportiert. 586 v. Chr. wurde Jerusalems endgültig zerstört.

Und doch geht der Blick weiter in eine noch zukünftige Zeit, in die letzte Hälfte der siebzigsten Jahrwoche Daniels (vgl. Dan 9,24–27), der großen Drangsal für Jakob, wenn Jerusalem erneut belagert und erobert werden wird. Der Aggressor wird der König des Nordens sein. Wieder werden die Helden gellend schreien – es wird ihnen nichts nützen. „Siehe, ein Tag kommt für den HERRN, da wird deine Beute in deiner Mitte verteilt werden. Und ich werde alle Nationen nach Jerusalem zum Krieg versammeln; und die Stadt wird eingenommen und die Häuser werden geplündert und die Frauen vergewaltigt werden; und die Hälfte der Stadt wird in die Gefangenschaft ausziehen, aber das übrige Volk wird nicht aus der Stadt ausgerottet werden" (Sach 14,1.2).

> Petrus spricht in 2. Petrus 3,10 ebenfalls von dem „Tag des Herrn" und verbindet den Anfang unmittelbar mit dem Ende: „Es wird aber der Tag des Herrn kommen wie ein Dieb, an dem die Himmel vergehen werden mit gewaltigem Geräusch, die Elemente aber im Brand werden aufgelöst und die Erde und die Werke auf ihr werden verbrannt werden." Dieser Tag geht dann über in den Tag Gottes, d. h. in die Ewigkeit nach der Zeit. Das verbindet Petrus mit einer wichtigen praktischen Konsequenz: „Da nun dies alles aufgelöst wird, welche solltet ihr dann sein in heiligem Wandel und Gottseligkeit! – indem ihr erwartet und beschleunigt die Ankunft des Tages Gottes, dessentwegen die Himmel, in Feuer geraten, werden

Kapitel 1, Verse 14–18: Der Tag des Herrn – Gericht über Jerusalem (2)

> aufgelöst und die Elemente im Brand zerschmelzen werden. Wir erwarten aber nach seiner Verheißung neue Himmel und eine neue Erde, in denen Gerechtigkeit wohnt" (2. Pet 3,11–13). Sind wir tatsächlich Menschen, die heilig und gottselig leben?

📖 Vers 15: *„Ein Tag des Grimmes ist dieser Tag, ein Tag der Drangsal und der Bedrängnis, ein Tag des Verwüstens und der Verwüstung, ein Tag der Finsternis und der Dunkelheit, ein Tag des Gewölks und des Wolkendunkels …"*

Der Tag wird weiter beschrieben. Es ist „dieser Tag" – ein Tag (eine Zeit), wie es ihn noch nie gegeben hat. Kaum ein anderer Abschnitt in der Bibel beschreibt die Intensität des Gerichtes dieses „Tages" so komprimiert wie diese Verse.[22]

Die *Merkmale* der Gerichtszeit sind:

↪ Grimm: Grimm ist Wut und Zorn. Gott zürnt über die Sünde und Rebellion seines Volkes. „Siehe, der Tag des HERRN kommt grausam mit Grimm und Zornglut, um die Erde zur Wüste zu machen; und ihre Sünder wird er von ihr vertilgen" (Jes 13,9; vgl. Hes 22,31).

---

22 Das Wort „Tag" kommt allein sechsmal vor. Einige Ausleger vergleichen das mit den sechs Schöpfungstagen, die der Ruhe Gottes am siebten Tag (ein Hinweis auf das kommende Reich) vorausgehen.

- ⮞ Drangsal und Bedrängnis: Beide Ausdrücke beschreiben eine innere und beängstigende Enge, aus der es keinen Ausweg gibt.

In Psalm 78,49 heißt es: „Er ließ seine Zornglut gegen sie los, Wut und Grimm und Drangsal, eine Schar von Unglücksengeln."

Die *Folgen* des Gerichtes sind:

- ⮞ Verwüstung: Der Text spricht von „Verwüsten" und „Verwüstung". Beide Ausdrücke weisen darauf hin, dass etwas verödet, verdorben oder ruiniert wird (vgl. die Ausrücke „öde" und „verödet" in Hiob 30.3; 38.27). Das Land, das einmal von Milch und Honig floss und von dessen Frucht das Volk Israel essen sollte, wird völlig verödet und verdorben werden.

Die *Begleitumstände* (oder die Atmosphäre) des Gerichtes sind:

- ⮞ Finsternis und Dunkelheit: Es wird eine dichte und übernatürliche Finsternis sein, d. h., die Menschen werden nichts mehr erkennen und keinen Ausweg sehen (vgl. 2. Mo 10,21.22). In Joel 2,2 werden beide Worte ebenfalls mit dem Gericht am Tag des HERRN verbunden.

- ⮞ Gewölk und Wolkendunkel: Der Himmel verbirgt sozusagen sein Gesicht. Die Menschen mögen rufen, es wird keine Antwort geben. Auch diese Wortkombination fin-

Kapitel 1, Verse 14–18: Der Tag des Herrn – Gericht über Jerusalem (2)

det sich in Joel 2,2. Als das Gesetz gegeben wurde, gab es ebenfalls „Gewölk und Wolkendunkel" (vgl. 5. Mo 4,11). Hier finden wir beides wieder als Strafe dafür, dass das Gesetz nachhaltig gebrochen wurde.

Der Prophet Joel spricht ebenfalls von den Begleitumständen: „… die Sonne wird sich in Finsternis verwandeln und der Mond in Blut, ehe der Tag des HERRN kommt, der große und furchtbare" (Joel 3,4; vgl. Mt 24,29).

> Müssen wir vor diesem Gerichtstag Angst haben? Nein! Als Johannes den Herrn als Richter sah, fiel er wie tot zu seinen Füßen nieder. Doch dann legte sich eine Hand auf ihn und er hörte die vertraute Stimme seines Herrn: „Fürchte dich nicht! Ich bin der Erste und der Letzte und der Lebendige, und ich war tot, und siehe, ich bin lebendig von Ewigkeit zu Ewigkeit und habe die Schlüssel des Todes und des Hades" (Off 1,17.18). Der Richter ist unser Retter. Deshalb brauchen wir diesen Tag nicht zu fürchten.

📖 *Vers 16: „…ein Tag der Posaune und des Kriegsgeschreis gegen die festen Städte und gegen die hohen Zinnen."*

Der Tag wird weiter beschrieben. Die Posaune (das Horn) wird zum Kampf geblasen. Obwohl die Feinde in die Posaune stoßen, ist es letztlich Gott selbst, der es tut bzw. sie dazu veranlasst.

„Stoßt in die Posaune auf Zion, und blast Lärm auf meinem heiligen Berg! Beben sollen alle Bewohner des Landes; denn es kommt der Tag des HERRN, denn er ist nahe" (Joel 2,1).

Die angreifenden Soldaten erheben das Kriegsgeschrei im Angriff gegen Jerusalem und gegen die festen Städte Judas. Die hohen Zinnen sind die Verteidigungstürme der Juden, die zum Schutz gebaut wurden. Davon lesen wir z. B. in 2. Chronika 26,15: „Und er (Ussija) machte in Jerusalem Maschinen – eine Erfindung von Technikern –, die auf den Türmen und auf den Zinnen sein sollten, um mit Pfeilen und mit großen Steinen zu schießen." Doch diese Türme nützen nicht. Es gibt keinen Schutz gegen die Aggressoren, weil sie im Auftrag Gottes handeln. Historisch hat sich genau das erfüllt, als die Babylonier Juda einnahmen. Die endgültige Erfüllung steht noch aus.

📖 *Vers 17: „Und ich werde die Menschen ängstigen, und sie werden umhergehen wie die Blinden, weil sie gegen den HERRN gesündigt haben; und ihr Blut wird verschüttet werden wie Staub, und ihr Fleisch wie Kot ..."*

Hier spricht Gott zunächst direkt zu den Menschen: „Ich werde". Das betont noch einmal, dass es sich um ein Gericht *Gottes* handelt. Er benutzt zwar die Feinde Judas, doch letztlich ist Er es selbst, der die Menschen (d. h. konkret die Bewohner Jerusalems und Judas) richtet. In einem erweiterten Sinn trifft dieses Gericht jedoch alle Menschen, die dann auf der Erde leben werden, wenn der „Tag des HERRN" kommt.

Kapitel 1, Verse 14–18: Der Tag des Herrn – Gericht über Jerusalem (2)

Der Vers zeigt sehr deutlich den Zusammenhang von Ursache und Wirkung. Die Ursache ist, dass sie gegen den HERRN gesündigt haben. Genau das wirft der Prophet ihnen vor. Jede Sünde richtet sich gegen Gott und bleibt nicht ohne Folgen. Die Folgen hier sind dramatisch:

a) Ich werde die Menschen ängstigen: Die Angst und Bedrängnis sind ein Gericht Gottes. Das Wort wird an anderen Stellen mit „bedrängen" oder „zusammenbinden" übersetzt. Man könnte auch sagen „im höchsten Maße beengt und eingeklammert". Die Lage ist ausweglos.

b) Sie werden umhergehen wie die Blinden: Das war vorausgesagt, falls das Volk von Gott abfallen würde: „Der HERR wird dich schlagen mit Wahnsinn und mit Blindheit und mit Verwirrung des Geistes; und du wirst am Mittag umhertappen, wie der Blinde im Finstern tappt" (5. Mo 28,28.29). Orientierungslosigkeit ist die Folge von Sünde und Ungehorsam.

c) Ihr Blut wird verschüttet werden wie Staub: Das Blut steht für das Leben (3. Mo 17,11), das verschüttete Blut weist auf den Tod hin. Der Staub symbolisiert Wertlosigkeit. Man tritt ihn mit Füßen (vgl. 2. Kön 23,6; Jes 49,23). Gemeint ist, dass Menschenleben und Tod wie Nichts geachtet werden. [23]

---

23 Einige Ausleger verbinden den Staub mit der Menge des Blutes, das vergossen werden wird. Das Blut fließt in solchen Strömen, als wäre es Staub der Landstraße. Allerdings ist es fraglich, ob das wirklich gemeint ist. Der Gedanke an die Wertlosigkeit scheint näherliegend.

d) Ihr Fleisch wird wie Kot: Das Wort, das hier im Grundtext für „Fleisch" gebraucht wird, kommt nur noch einmal im Alten Testament vor (Hiob 20,23). Es symbolisiert hier den Menschen bzw. sein Inneres.[24] Kot ist mehr als wertlos. Er ist ekelhaft. Man wendet sich weg davon. Möglicherweise weist diese Aussage darauf hin, dass selbst die Leichname von den Aggressoren geschändet werden.

> Menschen, die gegen Gott sündigen, Ihm den Rücken zukehren und sich nicht um das kümmern, was Er sagt, werden von Gott einmal verachtet werden. Obwohl Gott seine Geschöpfe liebt und retten möchte (Er ist ein Heiland-Gott), wird einmal der Tag kommen, wo Er sie verächtlich behandeln wird. Sie sind wertlos und Er wird sich von Ihnen abwenden. Es ist furchtbar, unversöhnt in Gottes Hand zu fallen.

📖 *Vers 18: „...auch ihr Silber, auch ihr Gold wird sie nicht retten können am Tag des Grimmes des HERRN; und durch das Feuer seines Eifers wird das ganze Land verzehrt werden. Denn ein Ende, ja, ein plötzliches Ende wird er mit allen Bewohnern des Landes machen."*

Noch einmal wird betont, dass das Gericht ein Gericht Gottes ist, vor dem es kein Entrinnen gibt. Selbst Silber und Gold – wertvolle Edelmetalle – werden den Bewohnern Jerusalems und

---

24 Andere sprechen hier vom „Eingeweide" oder vom „Lebenssaft".

Kapitel 1, Verse 14–18: Der Tag des Herrn – Gericht über Jerusalem (2)

den Bewohnern des Landes nicht helfen können. Menschen mögen sich durch Geld „kaufen" lassen, Gott niemals. Keine noch so hohe Tributzahlung kann seinen gerechten Zorn abwenden. Salomo hatte schon geschrieben: „Vermögen nützt nichts am Tag des Zorns" (Spr 11,4). Sehr drastisch beschreibt es der Prophet Jesaja: „An jenem Tag wird der Mensch seine Götzen aus Silber und seine Götzen aus Gold, die man ihm zum Anbeten gemacht hat, den Maulwürfen und den Fledermäusen hinwerfen, um sich in Felsspalten und in Steinklüfte zu verkriechen vor dem Schrecken des HERRN und vor der Pracht seiner Majestät, wenn er sich aufmacht, um die Erde zu schrecken" (Jes 2,20.21). Hesekiel schreibt: „Ihr Silber werden sie auf die Gassen werfen, und ihr Gold wird als Unflat gelten; ihr Silber und ihr Gold wird sie nicht erretten können am Tag des Grimmes des HERRN; ihren Hunger werden sie damit nicht stillen und ihren Bauch damit nicht füllen" (Hes 7,19).

Wir wissen um den Preis unserer Erlösung und sind dafür unendlich dankbar: „… indem ihr wisst, dass ihr nicht mit vergänglichen Dingen, mit Silber oder Gold, erlöst worden seid …, sondern mit dem kostbaren Blut Christi, als eines Lammes ohne Fehl und ohne Flecken; der zwar zuvor erkannt ist vor Grundlegung der Welt, aber offenbart worden ist am Ende der Zeiten um euretwillen, die ihr durch ihn an Gott glaubt, der ihn aus den Toten auferweckt und ihm Herrlichkeit gegeben hat, damit euer Glaube und eure Hoffnung auf Gott sei" (1. Pet 1,18–21).

Das Gericht trifft das ganze Land. Nicht nur Jerusalem ist schuldig, sondern das gesamte Land. So wird es auch in der Zukunft sein. Das ganze Land wird „mit dem Bann" geschlagen werden (Mal 3,24). Es wird verzehrt (oder gefressen) werden. Die Sprache ist drastisch. Es ist der Tag des *Grimmes* (der Zornesflut, vgl. Vers 15) und es geht um das *Feuer* des *Eifers* (der Eifersucht) Gottes. Salomo schreibt: „Grimm ist grausam und Zorn eine überströmende Flut; wer aber kann bestehen vor der Eifersucht" (Spr 27,4). Obwohl die Stoßrichtung in den Sprüchen eine andere ist, kann diese Aussage durchaus auf die Zeit des Gerichtes Gottes übertragen werden. Niemand wird dem Zorn Gottes entkommen.

Der Schlussakkord lautet: „Denn ein Ende, ja, ein plötzliches Ende wird er mit allen Bewohnern des Landes machen." Das schließt an den Anfang der Beschreibung in Vers 14 an. Das Gericht steht vor der Tür. Und es wird alle Bewohner des Landes (gemeint sind in erster Linie die Juden) treffen.[25] Das „Ende" meint die Zerstörung. Das Wort wird sonst häufig mit „Garaus" oder „Vernichtung" übersetzt. Das zeigt den Hauptgedanken der Aussage. Es ist die Drangsal, die Jeremia eine „Drangsal für Jakob" nennt (Jer 30,7). Es ist „eine Zeit der Drangsal, wie sie nicht gewesen ist, seitdem eine Nation besteht bis zu jener Zeit" (Dan 12,1).

---

25 Einige Ausleger denken bei dem „Land" an die gesamte Erde. Obwohl es wahr ist, dass das Gericht des Tages des HERRN alle treffen wird, die auf der Erde wohnen, scheint der Zusammenhang hier doch darauf hinzuweisen, dass es in erster Linie um die Juden geht.

Kapitel 2, Verse 1–3: Ein Appell zur Buße

Im Rückblick auf das, was in Kapitel 1 gesagt worden ist, klingt es fast überraschend, dass Gott sein Volk zur Buße und zur Umkehr aufruft. Und doch tut Er es. Gott ist gnädig und barmherzig, langsam zum Zorn und groß an Güte (2. Mo 34,6 u. a.). Gott will sein Volk durch die Gerichtsbotschaft nicht zur Verzweiflung bringen, sondern zur Korrektur. Er will seinem Volk zeigen, dass das Gericht vermieden werden kann.

Es ist ein bewegender Appell, mit dem Gott durch den Propheten Hesekiel sein Volk gleich zweimal zur Umkehr auffordert: „So wahr ich lebe, spricht der Herr, HERR, ich habe kein Gefallen am Tod des Gottlosen, sondern dass der Gottlose von seinem Weg umkehre und lebe! Kehrt um, kehrt um von euren bösen Wegen! Denn warum wollt ihr sterben, Haus Israel?" (Hes 33,11).

> *Buße ist Sinnesänderung. Buße bedeutet, anders über Gott und anders über sich selbst zu denken. Umkehr bedeutet, den falschen Weg zu korrigieren und zu Gott zurückzukehren. Beides – Buße und Umkehr (Bekehrung) gehören zusammen (Apg 3,19). Genau das erwartet Gott von Menschen, die von Ihm abgewichen ist.*

Israel sollte die richtigen Konsequenzen ziehen. Die Nation, die unverfroren und mit erhobener Hand sündigte, sollte in sich gehen. Sie sollte das tun, bevor Gottes Zorn über sie kommen und sie wegfegen würde, so wie der Wind die Spreu aufwirbelt und zerstreut. Dreimal ist in dem kurzen Abschnitt die Rede von „Zorn". Die Frage lautet: Wie kann man dem Gericht Gottes entgehen? Gibt es einen Ausweg? Die Antwort finden wir hier:

- geht in euch und sammelt euch (Vers 1)

- sucht den Herrn (Vers 3)

- sucht Gerechtigkeit (Vers 3)

- sucht Demut (Vers 3)

> Wir spüren, wie aktuell dieser Appell für uns ist. Nicht ohne Grund fordert Gott die Gemeinde in Ephesus zur Buße auf: „Gedenke nun, wovon du gefallen bist, und tu Buße und tu die ersten Werke; wenn aber nicht, so komme ich dir und werde deinen Leuchter von seiner Stelle wegrücken, wenn du nicht Buße tust" (Off 2,5). Ephesus war die Gemeinde, der Paulus in seinem Brief die tiefsten Wahrheiten verkündigt hatte. Die Gläubigen wussten viel – und doch hatten sie ihre erste Liebe verlassen. Wie steht es mit uns? Wir meinen vielleicht, viel zu wissen und große Einsicht zu haben. Doch das allein nützt nichts. Erkenntnis allein bläht auf (1. Kor 8,1). Gott sucht brennende Herzen. Er sucht die erste (d. h. die beste) Liebe. Wenn wir sie verlassen haben, gilt auch uns, dass wir Buße tun und zu dem Herrn umkehren sollen. Wir müssen in uns gehen, den Herrn suchen, seine Gerechtigkeit tun und in Demut vor Ihm leben.

Kapitel 2, Verse 1–3: Ein Appell zur Buße

📖 *Vers 1: „Geht in euch und sammelt euch, du Nation ohne Scham …"*

Das Gericht steht fest und wird kommen. Und doch bietet Gott seinem schamlosen Volk eine Möglichkeit, diesem Gericht zu entkommen. Sie sollten in sich gehen und sich sammeln. Im Grundtext steht für „in sich gehen" und „sammeln" ein und dasselbe Wort, das mit „sammeln" oder „auflesen" übersetzt werden kann. Das Wort beschreibt das Aufsammeln von Heu und Stroh, um verbrannt zu werden. Das war häufig die Arbeit von Sklaven, die sich bücken mussten, um diese Tätigkeit auszuüben. Das zeigt, dass sie allen Grund hatten, sich tief zu beugen.

Der göttliche Appell richtet sich an eine „Nation ohne Scham". Der Ausdruck „Nation" wird üblicherweise nicht für Israel, sondern für die heidnischen Völker gebraucht. Das zeigt, dass Juda keinen Deut besser war als die Nationen, die keine Beziehung zu Gott hatten.

Es war eine Nation ohne Scham, d. h. eine Nation, die nicht blass wurde wegen ihrer Schandtaten. Das macht deutlich, wie gleichgültig Gottes Volk war und wie hart ihre Herzen geworden waren. Sie waren völlig ohne Empfinden für das, was sie Gott angetan hatten. Das

> *Wer in sich geht, schlägt nicht um sich, sondern sieht ein, dass etwas falsch gelaufen ist. Der „verlorene Sohn" kam bei den Schweinen „zu sich". Er sah ein, dass er einen falschen Weg gegangen war. Er tat Buße und kehrte um. Genau das erwartet Gott von seinem Volk. Es geht darum, sich selbst zu „sieben" oder zu „durchforschen" – und zwar fleißig. Man könnte auch sagen: „Prüfe dich genau, ja prüfe dich". Es ist ein dringlicher Appell zur Buße. Das Volk sollte sich vor Gott beugen und seine Sünde bekennen.*

Wort „Scham" kann auch mit „Verlangen" oder „Begehren" übersetzt werden. In Israel war kein inneres Begehren nach Gott mehr vorhanden. Sie waren mit sich selbst zufrieden und fragten nicht nach Gott. Den Juden galt, was der Schreiber des Hebräerbriefes sagt: „Heute, wenn ihr seine Stimme hört, verhärtet eure Herzen nicht, wie in der Erbitterung" (Heb 3,15). Ohne Buße zu tun, würden sie dem Mann gleichen, der „oft zurechtgewiesen, den Nacken verhärtet" und plötzlich ohne Heilung zerschmettert wird (Spr 29,1).

> Buße ist immer der Anfang einer wirklichen Umkehr und Voraussetzung für die Vergebung Gottes. Das gilt für den Sünder, der sich mit der Schuld seines Lebens zu Jesus Christus wendet. Es gilt ebenfalls für den Gläubigen, der sich verrannt und einen falschen Weg genommen hat. Haggai fordert dazu auf, unsere Herzen auf unsere Wege zu richten (Hag 1,5.7; 2,18). Das ist mit dieser Prüfung verbunden. Es geht Gott um unsere Herzen, denn von dort aus sind die Ausgänge des Lebens (Spr 4,23). Wir brauchen die Sichtweise Gottes auf unser Leben.
>
> Diese Prüfung hat zuerst eine persönliche Seite. Sie ist individuell. Sie hat jedoch auch eine kollektive Seite. Gott spricht „die Nation" an. Es gibt individuelle Schuld und es gibt kollektive Schuld. Haben wir nicht allen Grund, gemeinsam vor Gott zu treten und das zu bekennen, was in unserem gemeinschaftlichen Leben (als örtliche Gemeinde und darüber hinaus) schiefgelaufen ist? Haben wir nicht gemeinschaftlich genügend Gründe, uns zu schämen und Korrekturen vorzunehmen?

Kapitel 2, Verse 1–3: Ein Appell zur Buße

> *Vers 2: „... ehe der Beschluss gebiert – wie Spreu fährt der Tag daher –, ehe denn die Glut des Zorns des H*ERRN *über euch kommt, ehe denn der Tag des Zorns des H*ERRN *über euch kommt!"*

Die Buße sollte rechtzeitig stattfinden. Es gibt ein „zu spät". Über den Pharao wurde ausgerufen: „Der Pharao, der König von Ägypten, ist verloren; er hat die bestimmte Zeit vorübergehen lassen" (Jer 46,17). Für Juda stand das Gericht kurz bevor. Der Beschluss Gottes stand fest und es würde nur noch eine kurze Zeit dauern, bis das Gericht kommen und die Gluthitze des Gerichts sie treffen würde. Der Tag des Zorns würde kommen. Das Wort „Beschluss" wird sonst oft mit „Satzung" oder „Bestimmung" übersetzt. Es handelt sich um etwas, das in Gottes Plan feststeht. Das Gericht ist „gesetzt". Es kommt wie die Geburt eines Kindes, die nicht aufgehalten werden kann.[26]

Zweimal lesen wir in unserem Vers von einem „Tag". Zum einen wird der Tag mit Spreu verglichen. Zum anderen ist direkt von dem „Tag des Zorns" die Rede. Der „Tag des Zorns" weist jedenfalls auf den Gerichtstag des HERRN ist. Er ist mit der Glut (der Hitze) des Zorns verbunden. In Nahum 1,6 lesen wird: „Wer kann vor seinem Grimm bestehen, und wer standhalten bei der Glut seines Zorns? Sein Grimm ergießt sich wie Feuer, und die Felsen werden von ihm zerrissen." Die Worte Zephanjas fanden ihre Vorerfüllung im Gericht, das durch Nebukadnezar ausgeführt

---

26 Paulus gebraucht ein ähnliches Bild, wenn er von dem nahenden Tag des Herrn schreibt: „Wenn sie sagen: Frieden und Sicherheit!, dann kommt ein plötzliches Verderben über sie, wie die Geburtswehen über die Schwangere; und sie werden nicht entfliehen" (1. Thes 5,3).

wurde. Sie finden ihre endgültige Erfüllung am „Tag des Herrn", von dem in Kapitel 1 ausführlich die Rede war. Er kommt nicht nur über den ganzen Erdkreis, sondern ganz besonders „über euch", d. h. über Juda. Das ist die „Drangsal für Jakob" (Jer 30,7).

Der andere Tag, von dem die Rede ist, fährt „wie Spreu" daher. Die meisten Ausleger verbinden das ebenfalls mit dem kommenden Gericht. Der Gedanke ist naheliegend. Der Herr Jesus selbst gebraucht die Metapher der Spreu in Verbindung mit dem Gericht: „… dessen Worfschaufel in seiner Hand ist, und er wird seine Tenne durch und durch reinigen und seinen Weizen in die Scheune sammeln; die Spreu aber wird er verbrennen mit unauslöschlichem Feuer" (Mt 3,12). Andere Ausleger übersetzen hier „ehe ihr werdet wie die Spreu" und denken dabei an die Gottlosen selbst, die nach Psalm 1,4 wie die Spreu sind, die der Wind dahintreibt. Gemeint ist dann, dass der Tag Gottes sich nähert wie der Wind, der die leichte Spreu vor sich her wirbelt.

Man könnte diesen Tag jedoch auch mit dem vorhergehenden Appell zur Buße verbinden. Dieser Tag der Buße würde nicht mehr lange dauern. Gott hatte sich „früh aufgemacht", um sein Volk zur Umkehr zu führen: „… von dem Tag an, als eure Väter aus dem Land Ägypten auszogen, bis auf diesen Tag habe ich alle meine Knechte, die Propheten, zu euch gesandt, täglich früh mich aufmachend und sendend" (Jer 7,25). Doch sie hatten nicht gehört. Nun würde es nicht mehr lange dauern. Die Zeit der liebevollen Appelle ging dem Ende zu. Die Möglichkeit zur Umkehr ging so schnell vorbei, wie Spreu vom Wind weggetragen wird. Der Aufruf sollte deshalb sofort beantwortet werden.

Kapitel 2, Verse 1–3: Ein Appell zur Buße

> Gottes Gnade ist groß. Seine Güte leitet zur Buße (Röm 2,4). Dennoch gilt, dass Gottes Gnade ein Ende hat. Am Ende steht der Zorn Gottes und sein Gericht. Es sollte sich niemand täuschen. Noch kann man dem kommenden Zorn entfliehen. Der Augenblick kommt, wo es zu spät sein wird.

📖 *Vers 3: „Sucht den Herrn, alle ihr Sanftmütigen des Landes, die ihr sein Recht gewirkt habt; sucht Gerechtigkeit, sucht Demut; vielleicht werdet ihr am Tag des Zorns des Herrn geborgen."*

Es ist ergreifend, zu lesen, wie Gott an sein Volk appelliert. Es ist eine dreifache Aufforderung. Allerdings richtet sie sich nicht mehr an die gesamte Nation, sondern nur noch an Einzelne, an einen Überrest. Es gab offensichtlich nur einige wenige, die sich Gottes Wort zu Herzen nahmen. Sie werden in doppelter Hinsicht angesprochen.

a) Die Sanftmütigen (Elenden, Bedrängten) des Landes: Das lässt an die Worte des Herrn Jesus in der Bergpredigt denken: „Glückselig die Sanftmütigen, denn sie werden das Land erben" (Mt 5,5). Sanftmütige Menschen sind solche, die nichts von sich selbst halten und wissen, dass sie arm und elend sind. Sie ordnen sich dem Willen Gottes unter. Der Ausdruck „Sanftmütige des Landes" kommt noch zweimal im Alten Testament vor. In Psalm 76,10 verspricht Gott ihnen Rettung. In Jesaja 11,4 wird Er ihnen „Recht sprechen in Geradheit".

Zephanja – Gericht und Gnade

b) Alle, die sein Recht gewirkt haben: Das Wort „Recht" bedeutet hier nicht „Gerechtigkeit", sondern vielmehr „Vorschrift" oder „Gericht". Es ist ein juristischer Ausdruck. Sein Recht wirken bedeutet nichts anderes, als nach Gottes Vorschriften zu leben.

Es handelt sich offensichtlich um den Überrest. Diese wenigen werden nun zu einem bestimmten Verhalten aufgefordert. Sie sollen drei Dinge suchen, d. h. danach trachten und sie begehren. Gemeint ist ein intensives Forschen mit dem erklärten Ziel, das Gesuchte zu finden.

a) Sie sollen den HERRN suchen: Jesaja fordert das Volk auf: „Sucht den HERRN, während er sich finden lässt; ruft ihn an, während er nahe ist" (Jes 55,6). Wer den Herrn sucht, fragt nach seinem Willen. Er gibt den eigenen Willen auf und richtet sich nach dem, was Gott sagt. Wer den Herrn sucht, hat dabei große Freude (1. Chr 16,10; Ps 105,3). Solche „ermangeln keines Guten" (Ps 34,11).

b) Sie sollen Gerechtigkeit suchen: Wer nach Gerechtigkeit sucht, lebt in Übereinstimmung mit dem Willen und Wesen Gottes, so wie Er sich offenbart hat. Es ist ein Leben in Übereinstimmung mit Gott. Der Herr Jesus nennt die glücklich, die „nach der Gerechtigkeit hungern und dürsten". Er verspricht ihnen, „gesättigt" zu werden (Mt 5,6).

c) Sie sollen Demut suchen: In dieser schweren Zeit geht es nicht darum, große Dinge zu vollbringen. Es ist die Zeit „kleiner Dinge" (Sach 4,10). Deshalb sind Demut und Bescheidenheit die richtige innere Haltung. Das Wort, das

Kapitel 2, Verse 1–3: Ein Appell zur Buße

hier mit „Demut" wiedergegeben wird, kommt im Alten Testament außer in diesem Vers noch dreimal vor (Spr 15,33; 18,12; 22,4). Es ist das elende und geringe Volk, zu dem Zephanja in Kapitel 3,12 spricht.

> Zum einen gilt: Gott hat zu jeder Zeit Menschen, die treu zu Ihm stehen. Ein Überrest ist dadurch gekennzeichnet, dass er nichts von sich selbst hält, sondern alles von Gott erwartet. Er fürchtet den Namen des Herrn (Mal 3,16) und verleugnet ihn nicht. Er beugt sich vor Gottes Wort und ist sich der Tatsache bewusst, dass er eine kleine Kraft hat (Off 3,8). Er lernt Sanftmut und Demut bei seinem Herrn. Außerdem lebt der Überrest dieser Gottesfürchtigen heute in der täglichen Erwartung des Herrn Jesus und freut sich auf seine Erscheinung in Herrlichkeit.
>
> Zum anderen fordert uns dieser Vers mit der Frage heraus, ob wir tatsächlich zu diesem Überrest gehören. Gehören wir zu den Sanftmütigen, zu denen, die in der Welt bedrängt werden? Oder streben wir nach einer Position der Anerkennung und Ehre der Welt? Fragen wir nach Gottes Willen für unser Leben? Stimmen wir mit seinem Programm für unser Leben überein? Suchen wir Gerechtigkeit und lernen wir Demut von unserem Herrn? Wir sollten diesen Fragen nicht ausweichen.

Die Begründung lautet: „… vielleicht werdet ihr am Tag des Zorns des Herrn geborgen". Das entspricht der Bedeutung des Namens Zephanja: „Der Herr hat verborgen". Es geht um eine Rettung durch das Gericht hindurch (ähnlich wie bei Noah, der nicht *vor* der Flut gerettet wurde, sondern durch die Flut). Für diesen Überrest war es eine berechtigte Hoffnung, aber es ist doch ein „vielleicht". Jesaja schreibt direkter und sagt: „Geh hin, mein Volk, tritt ein in deine Gemächer und schließ deine Tür hinter dir zu; verbirg dich einen kleinen Augenblick, bis der Zorn vorübergeht!" (Jes 26,20). Die Frau in Offenbarung 12 ist ein Bild dieses Überrests. Sie wird in die Wüste fliehen, „wo sie eine von Gott bereitete Stätte hat" (Off 12,6).

> Dieser Vers zeigt – bei allen Parallelen zu uns – den großen Unterschied zwischen dem gläubigen Überrest der Juden und uns Christen. Es ist ein Unterschied, den wir gut beachten müssen. Der Überrest *hofft*, vor dem Zorn Gottes verborgen zu werden. Der Christ *weiß*, dass ihn der kommende Zorn ganz sicher nicht treffen wird, weil er vorher entrückt wird (Röm 5,9; 1. Thes 5,9; Off 3,10). Für den Überrest wird es keine Entrückung geben. Für uns sehr wohl.
>
> W. Kelly schreibt dazu treffend: „In der ganzen Heiligen Schrift sehen wir, was Teil des gottesfürchtigen Juden ist. Sie hoffen nicht, in den Himmel entrückt zu werden, wie wir es tun, sondern sie hoffen, auf der Erde geborgen zu sein. Sie werden nicht von der Erde entfernt und danach werden die Bösen gerichtet, sie werden auch nicht mit dem Herrn erscheinen, der an jenem Tag vom Himmel zurückkehrt. Aber sie werden am Tag seines Zorns geborgen. Es ist das genaue Gegenteil des Teils des Christen, obwohl beide gesegnet werden. Wenn der Tag kommt, werden wir mit dem kommen, der ihn bringt. An jenem Tag des Gerichts über die Welt werden sie in seiner Barmherzigkeit und Treue gebor-

gen werden. Statt in das Haus des Vaters zu gehen, werden sie ihre Gemächer haben, um sich auf der Erde zu verbergen … Wir gehen im Geist dem Bräutigam entgegen und werden unsere Hoffnung auf sein Kommen in Frieden haben. Was die himmlischen Heiligen betrifft, so geht es nicht um eine besondere Drangsal oder darum, geborgen zu sein."[27]

Es ist ein verkehrter Ansatz, im Alten Testament nach Beweisen dafür zu suchen, dass die Gläubigen der gegenwärtigen Zeit der Gnade durch die große Drangsal gehen müssten. Die Wahrheit der Entrückung ist im Alten Testament nicht bekannt. Sie ist ein „Geheimnis" (1. Kor 15,51), das erst durch Paulus offenbart wurde. Für uns gilt sicher, dass wir durch die Entrückung „vor der Stunde der Versuchung" bewahrt bleiben, die über die Erde kommt (Off 3,10). Wir kennen Jesus als den, der uns „von dem kommenden Zorn rettet" (1. Thes 1,10). Wir wissen, dass Gott uns nicht zum Zorn gesetzt hat, „sondern zur Erlangung der Errettung durch unseren Herrn Jesus Christus" (1. Thes 5,9).

---

27 W. Kelly: *The Prophet Zephaniah*

Zephanja – Gericht und Gnade

Kapitel 2, Verse 4–15: Gericht über die Feinde

In den folgenden Versen des Kapitels geht es um die Gerichte über die Feinde Israels. Es werden verschiedene Völker erwähnt, die alle am Tag des Herrn gerichtet werden. Das Wort „denn" in Vers 4 verbindet diese Gerichtsankündigung mit dem Appell zur Buße. Gott zeigt seinem Volk eindrücklich, wie furchtbar sein Gericht sein wird und dass es auch die Nachbarvölker treffen wird. Für sein Volk sollte das ein Grund mehr sein, Buße zu tun und von den bösen Wegen umzukehren.

Konkret geht es um:

- die Philister im *Westen* (Verse 4–7): Sie werden hier mit ihren vier wichtigsten Städten genannt. Nebukadnezar zerstörte sie, *bevor* er Juda einnahm. Doch davon spricht Zephanja nicht.

- Moab und Ammon im *Osten* (Verse 8–11): Sie hassten und verachteten Juda ganz besonders und machten sich über den Gott Israels lustig.

- Äthiopien im *Süden* (Vers 12): Äthiopien wird erwähnt, um zu zeigen, dass das Gericht Gottes bis an die äußersten Enden der damals bekannten Welt gehen wird.

Zephanja – Gericht und Gnade

- ⮑ Assyrien und Ninive im *Norden* (Verse 13–15): Beide Nationen stehen für Stolz und Hochmut. Ninive, die Hauptstadt Assyriens, wurde um 612 v. Chr. vollständig zerstört.

Bis auf Äthiopien (das auch nur sehr kurz behandelt wird) sind die genannten Feinde „alte Bekannte" aus den historischen Büchern. In der biblischen Prophetie spielen sie alle eine große Rolle und werden in verschiedenen Abschnitten in den Propheten erwähnt. Sie werden hier exemplarisch für alle anderen Feinde genannt, die ihr verdientes Gericht bekommen. Die vier genannten Himmelsrichtungen, in denen sich diese Völker, von Israel aus gesehen, befanden, deuten darauf hin, dass das Gericht Gottes universell sein wird. Es wird die ganze Welt (alle Enden der Erde) treffen.

Beim Lesen der Verse wird sehr deutlich, dass die Erfüllung dieser Weissagung Zephanjas noch zukünftig ist und sich bisher nicht erfüllt hat. Zwar sind die genannten Völker bereits gerichtet worden und von der Bildfläche verschwunden (und zum Teil wieder „aufgewacht"), doch die Erfüllung verbindet sich zweifelsfrei mit dem kommenden Tag des HERRN. Er ist nicht nur ein Gerichtstag für Juda und Israel, sondern ebenso für die umliegenden Völker, die sich zum Teil schwer an Gottes Volk versündigt haben.

H. A. Ironside schreibt: „Gott lässt seinem Volk gegenüber nichts durchgehen; das ist ein Prinzip, das in der Heiligen Schrift immer wieder betont wird. Gleichzeitig wird Er strenges Gericht üben an allen Völkern, die ihre Hand gegen

Kapitel 2, Verse 4–15: Gericht über die Feinde

sein Volk erheben. Zwar benutzt Gott die Philister, Moab, Äthiopien und Assyrien, um sein Volk zu züchtigen. Aber sie sollten sich darüber nicht freuen und über Israel nicht triumphieren. Aufgrund ihres gottlosen Hasses und rachsüchtigen Geistes wird ihr eigenes Gericht sehr schlimm ausfallen."[28]

Alle diese Nationen hatten gemeinsam, dass sie einerseits erbitterte Feinde des Volkes Gottes waren und dass sie anderseits einen teilweise exzessiven Götzendienst betrieben, den Juda übernommen hatte. Deshalb trifft sie das gerechte Gericht Gottes. Er wird nicht ruhen, bis sie ihre Strafe bekommen haben, ihre Götzen zerstört sind und sie sich vor Gott beugen. Im 1000-jährigen Reich wird das der Fall sein.

> Wir sollten gut bedenken, dass das Gericht zwar am Haus Gottes anfängt, aber weitergeht. Petrus schreibt eindrucksvoll: „Denn die Zeit ist gekommen, dass das Gericht anfange bei dem Haus Gottes; wenn aber zuerst bei uns, was wird das Ende derer sein, die dem Evangelium Gottes nicht gehorchen! Und wenn der Gerechte mit Not errettet wird, wo will der Gottlose und Sünder erscheinen?" (1. Pet 4,17.18). Das sollte eine Warnung für jeden sein, der bisher Jesus Christus als seinen Retter ablehnt. Zugleich sollte es eine Motivation für uns sein, unter dem Eindruck des „Schreckens des Herrn" die gute Botschaft in die Welt zu tragen und von unserem Herrn zu zeugen (2. Kor 5,11).

---

28 H. A. Ironside: *The Prophet Zephaniah*

Zephanja – Gericht und Gnade

Kapitel 2, Verse 4–15: Gericht über die Feinde

Die Philister (Verse 4–7)

Die Philister sind einer der ältesten Feinde Israels. Wir kennen sie heute besser unter dem Namen "Palästinenser". Ihr Ursprung geht auf Ham, einen der Söhne Noahs zurück (1. Mo 10,14). Sie kamen ursprünglich von der Insel Kreta (auch Kaphtor genannt; vgl. Jer 47,4; Amos 9,7). Über Ägypten zogen sie auf direktem Weg in das Land Kanaan und ließen sich dort nieder. Sie hatten so gesehen eine mit Israel vergleichbare Geschichte. Sie lebten eine Zeit lang in Ägypten und zogen dann nach Kanaan. Dort gründeten sie eine Art Städtebund.

Die fünf Städte der Philister im heutigen Gazastreifen waren Gaza, Askalon (Aschkelon), Asdod (Aschdod), Ekron und Gat. Als der Einfluss der Ägypter in der Region nachließ, übernahmen die Philister die Vormachtstellung in Teilen Kanaans. Das Buch der Richter berichtet über häufige Auseinandersetzungen der Kinder Israel mit den Philistern (z. B. in der Geschichte Simsons). Bis zum Ende der Richterzeit und zu Beginn des Königtums in Israel (unter Saul) waren die Philister eine echte Bedrohung. Erst König David besiegte die Philister nachhaltig (wir denken auch an seinen ersten Sieg, den er gegen Goliath errang). Unter König Salomo waren sie fronpflichtig (1. Kön 5,1). In der Folgezeit der Könige von Israel und Juda lesen wir – von einigen Ausnahmen abgesehen – wenig über die Philister.

Zephanja – Gericht und Gnade

> Menschen wie die Philister gibt es auch im Neuen Testament. Es sind Menschen mit einem christlichen Bekenntnis, aber ohne Leben aus Gott. Sie kennen die Erfahrung des Roten Meeres nicht und haben die Brücken zu ihrem alten Leben nicht abgebrochen. Sie kennen nichts von der geistlichen Erfahrung des Jordan, wissen nichts von den Steinen im Jordan und denen am Ufer und auch nichts von der Beschneidung. Dennoch beanspruchen sie den Segen des Landes für sich und möchten den wahren Christen das wegnehmen, was Gott seinem Volk geben möchte. Wir erkennen in den Philistern etwas von der falschen und verdorbenen Kirche, die seit Jahrhunderten die Christenheit beherrscht und dabei für sich in Anspruch nimmt, was ihr nicht gehört. Es ist eine Kirche, die vorgibt, allein das Zeugnis Gottes auf der Erde zu sein. Es ist aber anzunehmen, dass sich die meisten von neuem geborenen Christen außerhalb dieser Kirche befinden. So wie Gott das Gericht über die Philister vollzieht, wird Er das Gericht über eine abgefallene Christenheit vollziehen.

📖 *Vers 4: „Denn Gaza wird verlassen und Askalon eine Wüste sein, Asdod – am hellen Mittag wird man es vertreiben, und Ekron wird entwurzelt werden."*

Vier ihrer fünf Fürstenstädte (vgl. Jos 13,3) werden erwähnt. Sie werden in der Reihenfolge ihrer geografischen Lage, von Süden anfangend, genannt. Die ersten drei Städte vermitteln von ihrer

Kapitel 2, Verse 4–15: Gericht über die Feinde

Wortbedeutung im Grundtext her Festigkeit und Stärke, aber sie werden dennoch fallen.

- Gaza bedeutet „die Starke" oder „die Feste". Es ist eine der ältesten Städte menschlicher Zivilisation, die wir kennen (vor der Zeit Abrahams; 1. Mo 10,19) und lag an einer wichtigen Handelsroute zwischen Ägypten und Mesopotamien. Diese alte und stolze Stadt wird verlassen sein.

- Askalon bedeutet „nicht wankend" und sollte zu einer Wüste werden. Die Stadt ist der Geburtsort des Königs Herodes des Großen und war für ihren besonderen Hass auf die Juden bekannt.

- Asdod wird mit „stark" oder „gewaltig" übersetzt. Es war eine der Hafenstädte der Philister und daher von strategischer Bedeutung. Dort befand sich der Tempel des Götzen Dagon (1. Sam 5,1–6). Asdod wird vertrieben werden.

- Ekron hingegen heißt „Entwurzelung". Die Stadt macht also ihrem Namen alle Ehre. Dort wurde der Gott Baal-Sebub angebetet (2. Kön 1,3.6.16).

Alle Städte werden vernichtet werden. Gaza wird verlassen und Askalon eine Wüste sein. Bei Asdod heißt es sogar, dass es am hellen Mittag passiert. Das ist ein Moment, wo man am wenigsten mit einem Angriff rechnet (2. Sam 4,5; Jer 6,4).

Zephanja – *Gericht und Gnade*

Normalerweise ruhen die Menschen dann. Jetzt müssen die Bewohner fliehen. Der Feind ist so überlegen, dass für ihn der Schutz der Dunkelheit nicht nötig ist (vgl. Jer 15,8). Für die Bewohner bedeutet dies ein besonders schweres Gewicht.

Der Prophet Amos spricht ebenfalls über das Gericht an den Philistern: „So spricht der Herr: Wegen drei Freveltaten von Gaza und wegen vier werde ich es nicht rückgängig machen: Weil sie Gefangene in voller Zahl weggeführt haben, um sie an Edom auszuliefern, so werde ich ein Feuer senden in die Mauer von Gaza, und es wird seine Paläste verzehren; und ich werde den Bewohner ausrotten aus Asdod, und den, der das Zepter hält, aus Askalon; und ich werde meine Hand gegen Ekron wenden, und der Überrest der Philister wird untergehen, spricht der Herr, Herr" (Amos 1,6–8).

Es fällt auf, dass die fünfte Philisterstadt (Gat) von Zephanja nicht genannt wird. Der Grund könnte sein, dass diese Stadt bereits zerstört war, als Zephanja weissagte (2. Chr 26,6). In einigen anderen Auflistungen der Städte der Philister kommt Gat ebenfalls nicht vor (z. B. Jer 25,20; Sach 9,5.6).

📖 *Vers 5: „Wehe den Bewohnern des Landstrichs am Meer, der Nation der Keretiter! Das Wort des Herrn kommt über euch, Kanaan, Land der Philister, und ich werde dich vernichten, dass kein Bewohner mehr bleibt!"*

Gott spricht ein Wehe aus, wie wir es besonders häufig in den Propheten Jesaja und Jeremia finden. Es wird furchtbar sein, Gegenstand des göttlichen Gerichts zu sein. Der Wohnort der

Kapitel 2, Verse 4–15: Gericht über die Feinde

Philister war das Land am Meer, d. h. am Mittelmeer (heute der Gazastreifen). Die Philister werden darüber hinaus wegen ihrer Herkunft aus Kreta „Nation der Keretiter" genannt (vgl. Jer 47,4; Amos 9,7; Hes 25,16). Das zeigt noch einmal, dass sie sich das Land Gottes widerrechtlich angeeignet hatten. Es wird zwar „Land der Philister" genannt, aber nicht, weil dies Gottes Absicht entsprach. Es ist das Land Israel. Auch wenn das gerade heute viele nicht wahrhaben wollen, ist es doch so: Das Land gehört dem irdischen Volk Gottes. Es gehört Israel.

> *Es ist heute zwar üblich, den Landstrich im Nahen Osten als Palästina zu bezeichnen (Land der Philister oder Palästinenser). Wir wären jedoch gut beraten, biblisch präziser von dem „Land Kanaan" oder dem „Land Israel" zu sprechen.*

Das Wort des Herrn, das über die Philister kommen sollte, ist das Wort des Gerichts. Es wird ein endgültiges Gericht sein. Kein Bewohner wird übrig bleiben. Im 1000-jährigen Reich wird es das Volk der Philister nicht mehr geben. Das Gebiet, das sie heute bewohnen, ist ein Teil des Erbes Gottes an sein Volk und wird von Ephraim und Juda bewohnt werden (vgl. Obad 1,19). Es fällt auf, dass es viele Stellen gibt, die das Gericht über diesen alten Feind des Volkes Israel beschreiben. Stellvertretend ein Zitat aus Sacharja 9,5.6: „Askalon soll es sehen und sich fürchten; auch Gaza, und soll sehr erzittern, und Ekron, denn seine Zuversicht ist zuschanden geworden. Und der König wird aus Gaza vertilgt, und Askalon wird nicht mehr bewohnt werden. Und ein Bastard wird in Asdod wohnen, und ich werde den Hochmut der Philister ausrotten" (vgl. Jer 47,7; Hes 25,15.16; Amos 1,8).

Das Gericht über die Philister hat eine historische Komponente und nahm unter dem Pharao Neko II. von Ägypten seinen Anfang (609–594 v. Chr.). Jeremia schreibt davon (vgl. Jer 47,1). Dennoch ist festzuhalten, dass die Weissagung Zephanjas darüber hinausgeht und von dem kommenden Gericht in der Zeit des Endes spricht.

📖 *Vers 6: „Und der Landstrich am Meer wird zu Weideplätzen voller Hirtenzisternen und Kleinviehhürden werden …"*

Gott vernichtet die Philister und degradiert ihr Gebiet zu einem Weideplatz für das Kleinvieh. Was auf den ersten Blick idyllisch klingt (ein Weideplatz voller Hirtenzisternen und Kleinviehhürden) beschreibt in Wirklichkeit das Ende der palästinensischen Zivilisation im Gazastreifen.

📖 *Vers 7: „… und es wird ein Landstrich sein für den Überrest des Hauses Juda: Sie werden darauf weiden und sich am Abend in den Häusern Askalons lagern; denn der Herr, ihr Gott, wird sich ihrer annehmen und ihre Gefangenschaft wenden."*

Juda wird im kommenden Reich das Land der Philister endgültig in Besitz nehmen und dort wohnen. Was vorher ein Landstrich der Philister war, wird nun zu einem Landstrich für Juda. Askalon wird hier repräsentativ für die anderen

Kapitel 2, Verse 4–15: Gericht über die Feinde

Städte genannt. Was den Feinden gehört hat, wird jetzt dem Volk Gottes gehören. Das ist nichts als Gnade, denn verdient hat Juda das nicht. Dieser Vers zeigt deutlich, dass sich die Voraussagen Zephanjas bisher nicht erfüllt haben, sondern erst in der Zukunft erfüllen werden. Der „Überrest des Hauses" Juda wird hier zum ersten Mal genannt (vgl. Kap 2,9; 3,13). Es wird nur eine kleine Schar sein, aber die kleine Schar findet die volle Anerkennung Gottes als „ganz Israel" (Röm 11,26).

Voraussetzung dafür ist, dass der Herr sich ihrer annehmen und ihre Gefangenschaft wenden wird. Dies wird geschehen, nachdem der Überrest Buße getan hat. Hier wird jedoch nur das gezeigt, was Gott tun wird. Es ist der Herr, der nach seinen Schafen fragt und sich ihrer annimmt (Hes 34,11). Es ist der Herr, der die Gefangenschaft wendet. Damit ist nicht die babylonische Gefangenschaft gemeint, sondern der Ausdruck bedeutet, dass Gott der Not seines Volkes in der großen Drangsal ein Ende machen wird. Der Ausdruck kommt häufig in den Propheten vor – besonders bei Jeremia (z. B. Jer 29,14: 30,3.18; 31,23; 32,44).

Dann erfüllt sich eine alte Zusage Gottes: „Und es wird geschehen, wenn alle diese Worte über dich kommen, der Segen und der Fluch, die ich dir vorgelegt habe, und du es zu Herzen nimmst unter all den Nationen, wohin der Herr, dein Gott, dich vertrieben hat, und umkehrst zu dem Herrn, deinem Gott, und seiner Stimme gehorchst nach allem, was ich dir heute gebiete, du und deine Kinder, mit deinem ganzen Herzen und mit deiner ganzen Seele – so wird der Herr, dein Gott, deine Gefangenschaft wenden und sich deiner erbarmen; und er wird dich wieder sammeln aus allen Völkern, wohin der Herr, dein Gott, dich zerstreut hat. Wenn deine Vertriebenen am Ende des

Himmels wären, so wird der HERR, dein Gott, dich von dort sammeln und dich von dort holen" (5. Mo 30,1–4).

Kapitel 2, Verse 4–15: Gericht über die Feinde

Moab und Ammon (Verse 8–11)

Moab und Ammon stammen von Lot ab (1. Mo 19,37.38). Sie sind das Ergebnis einer abscheulichen inzestuösen Beziehung zwischen dem Neffen Abrahams und seinen Töchtern, die ihren Vater betrunken gemacht haben, um dann mit ihm geschlechtlichen Verkehr zu haben.

Moab und Ammon standen Israel immer feindlich gegenüber und sind eine Bedrohung für das Volk Gottes gewesen. Das Territorium, das diese Nationen bewohnten, liegt östlich des Toten Meeres und damit im Osten von Israel. In 4. Mose 22 finden wir den Bericht über die Absicht Moabs, Israel durch Bileam verfluchen zu lassen. Der Versuch misslang, weil Gott eingriff. Dennoch kam es in der Folge zu einer unseligen Vermischung beider Nationen. Erneut griff Gott ein.

Im Buch der Richter sehen wir, wie Gott Moab und Ammon als Zuchtrute für sein irdisches Volk einsetzte (Ri 3,12–14; 10,6–9; 11,4.5). In der Zeit der Könige finden wir beide Nationen ebenfalls. Zunächst waren sie tributpflichtig, dann befreiten sie sich von dem Joch der Israeliten. Zur Zeit Nehemias gehörten besonders die Ammoniter zu den erklärten Feinden des Überrestes der Juden, der aus der babylonischen Gefangenschaft zurückgekehrt war (Neh 2,10.19; 4,1).

Das Territorium Ammons entspricht heute in etwa Nordjordanien. Moab schließt sich im Süden an und ist in etwa deckungsgleich mit Zentraljordanien. Die Hauptstadt Jordaniens ist Amman. Im Namen der Stadt finden wird den Namen „Ammon" wieder. In der Bibel ist diese Stadt als Rabba bekannt (vgl. den Ausdruck „Rabba der Kinder Ammon" in 5. Mo 3,11; 2. Sam 12,26; 17,27; Jer 49,2). In der biblischen Prophetie spielen beide Länder eine wichtige Rolle.

> Man könnte Moab und Ammon ein Brudervolk Israels nennen, weil sie gleiche Wurzeln haben und über Lot mit Abraham verwandt waren. Für uns sind sie ein Bild von Menschen, die sich Christen nennen und vorgeben, Leben zu haben, aber dennoch geistlich tot sind (Off 3,1). Sie geben vor, eine Beziehung zu Gott zu haben, sind jedoch nicht von neuem geboren. Sie gleichen „fremden Kindern" ohne wirklichen Glauben an Gott. Judas warnt vor solchen Menschen, die Gottes Gnade in Ausschweifung verkehren (Jud 4). Wir sollten uns von solchen Menschen nicht täuschen lassen. Es sind Feinde Gottes, auf die das gerechte Gericht Gottes wartet.

📖 *Vers 8: „Ich habe die Schmähung Moabs und die Lästerungen der Kinder Ammon gehört, womit sie mein Volk geschmäht und gegen dessen Gebiet großgetan haben."*

Gott nimmt von allem Kenntnis. Er hat offene Augen und offene Ohren. So war es damals in Ägypten, als sein Volk unter der

Kapitel 2, Verse 4–15: Gericht über die Feinde

Hand des Pharaos litt (2. Mo 3,7). So wird es in Zukunft sein. Gott reagiert nicht immer sofort auf das Unrecht, das andere seinem Volk antun, aber Er nimmt es zur Kenntnis und antwortet zu seiner Zeit. Gott entgeht nichts, auch nicht die Schmähungen Moabs und die Lästerungen der Kinder Ammon. Sie haben das Volk Gottes verachtet und gegen dessen Gebiet – das ist das Land, das Gott ihnen als Erbteil gegeben hat – großgetan. Das bedeutet nichts anderes, als dass sie das Land zerstört und vernichtet haben, um ihre Grenzen zu erweitern und das Land für sich zu besitzen (Jer 49,1; Amos 1,13).

Gott bekennt sich zu Israel. Er nennt es „mein Volk". Was diese Nationen seinem Volk antun, das tun sie in letzter Konsequenz Gott selbst an.

Gottes Ohr ist für seine Kinder immer offen: „Der das Ohr gepflanzt hat, sollte er nicht hören? Der das Auge gebildet hat, sollte er nicht sehen?" (Ps 94,9). Gott nimmt alles wahr. Er hört die Schmähungen und Lästerungen gegen die Seinen, die sich letztlich gegen Ihn selbst richten. Und Gott sieht tiefer. Er prüft das Herz. Er nimmt den Hochmut wahr, mit dem Menschen sich großtun. Und einmal kommt das Gericht: „... um Gericht auszuführen gegen alle und zu überführen alle Gottlosen von allen ihren Werken der Gottlosigkeit, die sie gottlos verübt haben, und von all den harten Worten, die gottlose Sünder gegen ihn geredet haben" (Jud 15).

Wir müssen uns nicht selbst wehren, wenn wir angegriffen werden, sondern sollen alles dem überlassen, der gerecht richtet (1. Pet 2,23). Es mag dauern, bis Gott antwortet, aber

> wir können sicher sein, dass Er nichts übersieht. Seine Antwort kommt spätestens rechtzeitig. Die leidenden Thessalonicher wurden von Paulus mit der Aussage ermutigt: „... wenn es denn bei Gott gerecht ist, denen, die euch bedrängen, mit Drangsal zu vergelten, und euch, die ihr bedrängt werdet, Ruhe mit uns zu geben bei der Offenbarung des Herrn Jesus vom Himmel her, mit den Engeln seiner Macht" (2. Thes 1,6.7). Deshalb gilt uns, was Israel gilt: „Hört auf mich, die ihr Gerechtigkeit kennt, du Volk, in dessen Herzen mein Gesetz ist: Fürchtet nicht den Hohn der Menschen, und erschreckt nicht vor ihren Schmähungen" (Jes 51,7).

📖 *Vers 9: „Darum, so wahr ich lebe, spricht der HERR der Heerscharen, der Gott Israels, soll Moab gewiss wie Sodom und die Kinder Ammon wie Gomorra werden, ein Besitztum der Brennnesseln und eine Salzgrube und eine Wüste in Ewigkeit. Der Überrest meines Volkes wird sie berauben, und das Übriggebliebene meiner Nation sie beerben."*

Es klingt wie ein feierlicher Schwur Gottes, den wir in ähnlicher Form auch in anderen Weissagungen finden (vor allem im Propheten Hesekiel). Allerdings ist dies der einzige Vers, in dem nicht nur der „HERR" spricht, sondern „der HERR der Heerscharen". Nur Zephanja gebraucht diese Formulierung „so wahr ich lebe, spricht der HERR der Heerscharen" und er fügt noch hinzu „der Gott Israels". Es ist die höchste denkbare Instanz, die hier etwas beteuert. Es ist derjenige, der die himmlischen Heere führt und

Kapitel 2, Verse 4–15: Gericht über die Feinde

zugleich der ewige Gott ist, der eine Beziehung zu seinem Volk hat. Wenn irgendetwas feststeht, dann ist es das Gericht über Moab und Ammon. Es ist endgültig und unumkehrbar.

- Jesaja schreibt über das Gericht *Moabs*: „Und er wird seine Hände darin ausbreiten, wie der Schwimmer sie ausbreitet, um zu schwimmen; und er wird seinen Hochmut niederzwingen samt den Ränken seiner Hände. Und deine festen, hochragenden Mauern wird er niederwerfen, niederstürzen, zu Boden strecken bis in den Staub" (Jes 25,11.12).

- Jeremia schreibt über das Gericht *Ammons*: „Darum, siehe, Tage kommen, spricht der Herr, da ich gegen Rabba der Kinder Ammon Kriegsgeschrei werde erschallen lassen; und es soll zum Schutthaufen werden, und seine Tochterstädte sollen mit Feuer verbrannt werden. Und Israel wird seine Erben beerben, spricht der HERR" (Jer 49,2). Hesekiel schreibt: „So spricht der HERR, Herr, über die Kinder Ammon und über ihren Hohn; und sprich: Ein Schwert, ein Schwert, zur Schlachtung gezückt, geschliffen, damit es fresse, damit es blitze" (Hes 21,33).

Der Vergleich von Moab und Ammon mit Sodom und Gomorra überrascht uns nicht, wenn wir an den Ursprung dieser beiden Länder denken. Es waren Nachkommen Lots, der in Sodom gelebt hatte. Obwohl Lot und seine Töchter Sodom und Gomorra verlassen haben, haben *der Geist* Sodoms und Gomorras sie nie verlassen. Das sündige Wesen dieser Städte charakterisierte die Nachkommenschaft Lots. Sie waren ebenso gottlos, wie die Bewohner von Sodom und Gomorra es waren. Deshalb wird das Gericht über sie mit dem Gericht über diese beiden Städte verglichen, ohne dass es auf die gleiche Art und Weise stattfinden wird. Aber es wird jedenfalls ein vollständiges Gericht sein.

Der Ausdruck „ein Besitztum der Brennnesseln (Unkraut, Disteln) und eine Salzgrube und eine Wüste in Ewigkeit" deutet auf Verwüstung, Unfruchtbarkeit und beständiges Unheil hin. In 5. Mose 29,22 warnt Gott sein eigenes Volk mit den Worten: „… dass sein ganzes Land Schwefel und Salz, ein Brand, ist, dass es nicht besät wird und nichts sprossen lässt und keinerlei Kraut darin aufkommt, gleich der Umkehrung von Sodom und Gomorra, Adama und Zeboim, die der HERR in seinem Zorn und in seinem Grimm umkehrte" (vgl. Ps 107,33.34). In Jeremia 48,9 heißt es: „Gebt Moab Flügel, denn fliegend wird es wegziehen; und seine Städte werden zur Wüste werden, so dass niemand darin wohnt".

Der Überrest aus Israel wird das Land der Moabiter und Ammoniter erben, d. h., sie werden sich daran bereichern und es bewohnen. Sie werden über ihre Bedrücker herrschen (Jes 14,2). Der Überrest wird hier „das Übriggebliebene meiner Nation" genannt. Der Ausdruck ist ebenfalls einmalig. Es besteht in Gottes Gedanken immer ein Unterschied zwischen „den Nationen" und „seiner Nation".

 Vers 10: „Dies wird ihnen für ihren Hochmut zuteil, weil sie das Volk des HERRN der Heerscharen geschmäht und gegen es großgetan haben."

Kapitel 2, Verse 4–15: *Gericht über die Feinde*

Hochmut (oder Stolz) ist in den Augen Gottes eine abscheuliche Eigenschaft, vor allem dann, wenn Gottes Volk dadurch unterdrückt wird. Besonders Moab ist davon geprägt: „Wir haben den Hochmut Moabs vernommen, das sehr hochmütig ist, seinen Stolz und seinen Hochmut und sein Großtun und die Überheblichkeit seines Herzens" (Jer 48,29). „Wir haben vernommen den Hochmut Moabs, des sehr Hochmütigen, seinen Stolz und seinen Hochmut und sein Wüten, sein eitles Prahlen" (Jes 16,6). Hier ist es nicht nur Moab, sondern auch Ammon. In ihrem Hochmut schmähen sie das Volk, das dem HERRN gehört (es ist und bleibt sein Eigentumsvolk!), und tun groß gegen Israel. Zu schmähen bedeutet, andere zu verhöhnen und zu beschimpfen. Wer sich großtut, erhebt sich über andere und brüstet sich damit, mehr zu sein. Gott wird das nicht unbestraft lassen. „Stolz geht dem Sturz und Hochmut dem Fall voraus" (Spr 16,18). Diese Völker ernten, was sie gesät haben (Hos 8,7).

Psalm 10,2 sagt: „In seinem Hochmut verfolgt der Gottlose hitzig den Elenden". Genau das haben Moab und Ammon getan. Die Folgen bleiben nicht aus: „… sie werden gefangen werden in den Anschlägen, die sie ersonnen haben". Im gleichen Psalm heißt es: „Der Gottlose spricht in seinem Hochmut: Er wird nicht nachforschen. Alle seine Gedanken sind: Es ist kein Gott!" (Vers 4). Das ist ein großer Irrtum. Gerade weil Moab und Ammon in Hochmut gegen Gottes Volk gehandelt haben, wird sie das göttliche Gericht treffen. Keine Nation, die dem irdischen Volk Gottes Schaden zugefügt und es verspottet hat, wird dem Gericht entkommen. „Gott widersteht den Hochmütigen" (Jak 4,6; 1. Pet 5,5). Das werden diese Völker erleben.

> Stolz und Hochmut stecken in jedem Menschen, leider auch in uns Christen. Sie sind ein scheinbar unausrottbares Übel. C. H. Spurgeon sagte einmal: "Der Dämon Stolz wurde mit uns geboren und wird nicht eine Stunde vor uns sterben. Er ist so stark mit dem Geflecht unseres Charakters verwoben, dass er sich erst dann von uns trennt, wenn wir in unser Leichentuch gehüllt werden."[29] Dabei ist "religiöser" Hochmut besonders abscheulich. Wenn wir Christen sagen: "Ich bin reich und bin reich geworden und bedarf nichts", dann sollten wir nicht vergessen, dass Gott sagt, dass wir "der Elende und Jämmerliche und arm und blind und nackt" sind (Off 3,17). In dem Maß, wie wir Hochmut und Stolz in der Mitte der Gläubigen zulassen, wird Christus sich aus unserer Mitte entfernen und schließlich draußen stehen und an der Tür klopfen (Off 3,20).

📖 *Vers 11: "Furchtbar wird der HERR gegen sie sein, denn er wird alle Götter der Erde hinschwinden lassen; und alle Inseln der Nationen werden ihn anbeten, jeder von seiner Stätte aus."*

Das Handeln Gottes gegen diese Feinde wird furchtbar (erschreckend und zum Fürchten) sein. Seine Hand wird sich direkt gegen sie erheben. Sein Gericht wird gerecht und hart sein. Und nicht nur das. Wenn Gott die Nationen richtet, rechnet Er zugleich mit ihren Göttern ab. Jetzt ist nicht nur von den Göttern Moabs und Ammons die Rede, sondern von "allen

---

29 C. H. Spurgeon: *The Complete Works*, Volume 3: Sermons 107–164

Göttern der Erde". Er wird sie „hinschwinden (oder verarmen) lassen" (das Wort wird in Jesaja 17,4 mit „mager werden" übersetzt). Es wird keine Nationen mehr geben, die ihre Götzen anbeten. Niemand wird mehr den Götzen dienen. Man beachte den Ausdruck „Götter der *Erde*" (Mehrzahl), der im Gegensatz zu dem einen wahren „Gott des *Himmels*" steht. Er allein ist ewig. „Denn der HERR, euer Gott, er ist der Gott der Götter und der Herr der Herren, der große, mächtige und furchtbare Gott, der keine Person ansieht und kein Geschenk annimmt" (5. Mo 10,17).

Der Augenblick kommt, wenn alle „Inseln der Nationen" den HERRN anbeten werden. Damit waren damals die Länder gemeint, die an das Mittelmeer grenzten. Andere übersetzen hier: „Meeresländer der Heiden". Dabei geht es vermutlich im engeren Sinn um die europäischen Inseln und die Küstenländer des Mittelmeeres – also von Spanien im Westen bis zur Türkei im Osten.[30] Im weitesten Sinn können wir hier an alle Länder der Erde denken. Es wird überall Menschen geben, die während der Drangsal zum Glauben an den Messias kommen (d. h. das Evangelium des Reiches annehmen). Es sind Menschen, die das Evangelium der Gnade nie gehört haben und somit nicht zu der Gemeinde gehören, die *vor* der großen Drangsal entrückt wird.

Diese Gläubigen aus den Nationen werden Gott nicht nur in Jerusalem anbeten (vgl. Mi 4,1.2; Sach 14,16), sondern „jeder von seiner Stätte aus", d. h. von seinem Wohnort aus: „Denn vom Aufgang der Sonne bis zu ihrem Niedergang wird mein Name groß sein unter den Nationen; und an jedem Ort wird geräuchert, dargebracht werden meinem Namen, und zwar

---

30 Vgl. Keil/Delitzsch, *Biblischer Kommentar über das Alte Testament*

reine Opfergaben. Denn mein Name wird groß sein unter den Nationen, spricht der HERR der Heerscharen" (Mal 1,11). Es wird eine universelle und weltweite Anbetung sein, wenn der Herr Jesus als Messias im kommenden Reich herrschen wird. Der eigentliche Opferdienst wird allerdings nur im Tempel in Jerusalem stattfinden.

> Es ist völlig klar, dass sich dieser Vers bis heute nicht erfüllt hat. Gott hat weder die Götter der Menschen gerichtet, noch wird Er überall auf der Erde angebetet. Bis heute werden in den verschiedensten Religionen zahlreiche Götzen verehrt – materielle und immaterielle Götter. Doch der Zeitpunkt kommt, an dem alle Menschen den alleinigen Gott anbeten werden. Heute sind es verhältnismäßig wenige, die den Vater „in Geist und Wahrheit" anbeten (Joh 4,23.24). Gehören wir dazu? Und haben wir die modernen Götter unserer Zeit aus unserem Leben verbannt? Es ist unmöglich, sich vor den Götzen niederzubeugen und gleichzeitig Gott Anbetung zu bringen. Niemand kann zwei Herren dienen. „Ich bin der HERR, das ist mein Name; und meine Ehre gebe ich keinem anderen, noch meinen Ruhm den geschnitzten Bildern" (Jes 42,8).

Kapitel 2, Verse 4–15: Gericht über die Feinde

Äthiopien (Vers 12)

Es folgt das Gericht über die Äthiopier, die im Süden von Israel wohnten. Dabei fällt auf, dass die Äthiopier als einzige Nation direkt angesprochen werden („ihr Äthiopier"). Äthiopien steht hier wahrscheinlich stellvertretend für Länder südlich von Ägypten. Äthiopien ist von Israel weiter entfernt als Ägypten, ist aber in seiner Feindschaft gegen Israel mit Ägypten verbunden (Dan 11,43). Außerdem hat Äthiopien lange Zeit über Ägypten geherrscht.

Die Äthiopier stammen von Kusch ab, einem Nachkommen Hams, des Sohnes Noahs (1. Mo 10,6; 1. Chr 1,8). Sie lebten in der oberen Nilregion, im heutigen Süden Ägyptens, im Sudan, Somalia und Eritrea. Es war damals die südlichste der bekannten Regionen aus Sicht Israels. Der Landstrich selbst wird bereits in 1. Mose 2,13 genannt.

📖 *Vers 12: „Auch ihr Äthiopier werdet Erschlagene meines Schwertes sein."*

Nachdem Gott das Gericht über die Völker westlich und östlich von Israel ausgesprochen hat, geht es um eine weitere

Nation. Äthiopien wird in der biblischen Prophetie einige Male erwähnt, allerdings nicht so oft wie andere Feinde. Der Grund, warum Äthiopien gerichtet wird, wird hier nicht genannt. Das Wort „auch" macht allerdings klar, dass sie dem Gericht ebenso wenig entkommen werden wie die übrigen Nationen.

Das „Schwert" Gottes symbolisiert das Gericht Gottes, das diesen Feind treffen wird (vgl. Jes 34,6; 66,16). So mächtig diese Nation gewesen sein mochte (und sein wird), das Schwert Gottes wird sie erschlagen. Niemand entkommt seinem Gericht. Hesekiel 30,4 verbindet das Gericht über Äthiopien mit dem über Ägypten: „Und das Schwert wird über Ägypten kommen; und im Land Äthiopien wird große Angst sein, wenn Erschlagene in Ägypten fallen und man seinen Reichtum wegnimmt und seine Grundfesten niedergerissen werden." Ähnliches lesen wir in Hesekiel 30,5: „Äthiopien und Put und Lud und alles Mischvolk und Kub und die Kinder des Bundeslandes werden mit ihnen durchs Schwert fallen."

Historisch wurden die Äthiopier im 670 v. Chr. durch den assyrischen König Asarhaddon besiegt. Das Volk existierte jedoch weiter, bis das Land im Jahr 586 v. Chr. durch die Babylonier eingenommen wurde. Damals benutzte Gott Nebukadnezar tatsächlich als sein Schwert. Dennoch geht die Gerichtsankündigung durch Zephanja darüber hinaus und weist auf das zukünftige Gericht über diesen Feind hin.

Kapitel 2, Verse 4–15: *Gericht über die Feinde*

Äthiopien (Kusch = schwarz) symbolisiert den Menschen in der „Schwärze seiner sündigen Natur". So wie kein Mensch seine Hautfarbe ändern kann, ist es für den natürlichen Menschen unmöglich, etwas an seiner sündigen Natur zu ändern. Das Gericht Gottes über jeden Sünder wird einmal vollstreckt. Die einzige Möglichkeit, diesem Gericht zu entkommen, ist der Glaube an Jesus Christus, der das Gericht Gottes für jeden getragen hat, der Ihn im Vertrauen annimmt.

Zephanja – Gericht und Gnade

Assyrien (Verse 13–15)

Der letzte Feind, dessen Gericht Zephanja beschreibt, ist Assyrien, der große Feind im Norden mit seiner Hauptstadt Ninive. Der Prophet Nahum schreibt in seinen drei Kapiteln speziell über das Gericht, das diese böse Stadt treffen wird.

In der Zeit, in der Israel noch das anerkannte Volk Gottes war und der Thron Gottes in Jerusalem stand, waren die Assyrer der große Feind des Volkes Israel. Diese alte Macht im Nahen Osten spielt in den prophetischen Ereignissen ebenfalls wieder eine große Rolle und wird in den Propheten häufiger erwähnt als jeder andere Feind Israels.

In den ersten Büchern der Bibel begegnen wir den Assyrern nur relativ selten (1. Mo 2,14; 25,18). Die alte Hauptstadt Babel wird dort genannt (1. Mo 10,10; 11,9). Sehr häufig werden die Assyrer dann in der Geschichte der Könige erwähnt. Gott benutzte dieses Volk als Zuchtrute für sein abtrünniges Volk (Jes 10,5). In 2. Könige 17 lesen wir, wie Salmaneser, der König von Assyrien, im Jahr 727 v. Chr. gegen die zehn Stämme und ihre Hauptstadt Samaria zog und das Volk in Gefangenschaft brachte. Dieses Ereignis war in den prophetischen Schriften als Gericht vorausgesagt worden. Besonders Jesaja (z. B. Jes 7,17; 8,7; 10,5) und andere Propheten, wie Hosea, sprechen mehrfach von dem Assyrer als Feind Israels. Diese Prophezeiungen haben sich teilweise bereits in der Geschichte Israels in der Zeit der Könige erfüllt. In der Endzeit werden sich diese Weissagungen dann vollständig erfüllen. Dann werden besonders Juda und Benjamin – die damals durch Gottes Eingreifen vor der Eroberung durch die Assyrer von Gott bewahrt blieben – die Macht und Gewalt dieses Feindes aus dem Norden zu spüren bekommen. Es ist bemerkenswert, dass Jerusalem in der Zeit seiner Könige zwar von Assyrien belagert, aber zu keinem Zeitpunkt eingenommen wurde. Das wird erst in der Endzeit geschehen, wenn Jerusalem von dem Angriff des „Königs des Nordens" überrollt werden wird.

Das ursprüngliche Assyrische Reich existierte über einen Zeitraum von ca. 1000 Jahren, vom 17. Jahrhundert v. Chr. bis zu seiner Vernichtung etwa 612 v. Chr. Man unterscheidet in der Geschichte drei Zeitperioden: das Altassyrische Reich, das Mittelassyrische Reich und das Neuassyrische Reich. Das Neuassyrische Reich (von ca. 750–612 v. Chr.) gilt allgemein als das erste Großreich der Weltgeschichte. Es umfasste in seiner größten Ausdehnung die heute bekannten Länder Syrien, Irak, Iran, Jordanien, Libanon sowie Teile von Israel, Ägypten und der Türkei. Eine der Hauptstädte des Reiches war Ninive, die Stadt, in die der Prophet Jona gesandt wurde, um das Gericht anzukündigen, und gegen die sich vor allem der Prophet Nahum in seiner Weissagung wendet.

Zephanjas Thema ist nicht die Bedrohung durch Assyrien und seine politische Rolle in der Zukunft, sondern wie bei den übrigen Nationen beschreibt er das Gericht, das die Nation und ihre Hauptstadt treffen wird. Dabei geht es vordergründig um den historischen Sieg des Heeres aus Medern und Babyloniern im Jahr 612 v. Chr. Doch auch hier ist der Hauptpunkt das Gericht, das noch in der Zukunft liegt. Dieses Gericht wird beschrieben und begründet. Ob es in der Endzeit tatsächlich eine Stadt geben wird, die den Namen Ninive trägt, wissen wir nicht. Es wird aber ganz sicher eine Stadt geben, die den Charakter der alten Stadt Ninive haben wird.

> *Vers 13: „Und er wird seine Hand nach Norden ausstrecken und wird Assyrien vernichten und Ninive zur Wüste machen, dürr wie die Steppe."*

Erneut ist Gott der Handelnde. Er streckt seine Hand nach Norden aus und übt Gericht an dem großen Feind aus dem Norden, der in Daniel 11 wiederholt der „König des Nordens" genannt wird (Verse 6.8.11.13.15.40). Assyrien lag zwar nicht direkt im Norden, sondern eher im Nordosten, aber die Heere fielen von Norden her in Israel ein, d. h., sie wandten sich zuerst Richtung Westen, um dann nach Süden vorzustoßen.

Wie bereits gesagt, geht es dabei nicht primär um das Gericht durch die Meder und Babylonier im Jahr 612 v. Chr., sondern um das, was in der Zeit des Endes geschehen wird. Davon schreibt Jesaja: „Und es wird geschehen, wenn der Herr sein ganzes Werk am Berg Zion und an Jerusalem vollbracht hat, so werde ich die Frucht der Überhebung des Herzens des Königs von Assyrien und den Stolz der Überheblichkeit seiner Augen heimsuchen" (Jes 10,12).

Kapitel 2, Verse 4–15: Gericht über die Feinde

Das Königreich Assyrien wird vernichtet, d. h., vertilgt und zerstört werden. Das Wort wird häufig mit „umkommen" übersetzt. Seine Hauptstadt Ninive wird zur Wüste gemacht werden und dürr wie eine Steppe sein. Nahum hatte genau das vorausgesagt: „Und es wird geschehen, jeder, der dich sieht, wird von dir fliehen und sprechen: Ninive ist verwüstet! Wer wird ihr Beileid bezeigen? Woher soll ich dir Tröster suchen?" (Nah 3,7). Interessant ist die Bemerkung, dass die Stadt „dürr wie die Steppe" sein wird. Die historische Stadt Ninive verfügte nämlich über ein enormes Bewässerungssystem, durch das sie sich mit Wasser im Überfluss versorgte. Dem setzt Gott ein Ende.

> Es gibt Menschen – leider auch Gläubige –, die auf ihre eigenen Hilfsmittel vertrauen. Sie gleichen dem Volk Gottes, dem Gott ein zweifach Böses vorwirft: „Mich, die Quelle lebendigen Wassers, haben sie verlassen, um sich Zisternen auszuhauen, geborstene Zisternen, die kein Wasser halten" (Jer 2,13). Das Beispiel Ninives sollte uns warnen, nicht auf uns selbst und menschliche Hilfe zu vertrauen. Sie kann schnell zu einem Ende kommen. Wir sollten vielmehr in allem auf unseren Gott vertrauen.

📖 *Vers 14: „Und in seiner Mitte werden sich Herden lagern, allerlei Tiere in Menge; sowohl Pelikane als auch Eulen werden auf seinen Säulenknäufen übernachten. Eine Stimme singt im Fenster, Trümmer sind auf der Schwelle, denn er hat das Zederngetäfel bloßgelegt."*

Nun wird der desolate Zustand Ninives nach seiner Zerstörung beschrieben. Die Schilderung erinnert an die Gerichtsbeschreibung in Jesaja 34,11: „Und Pelikan und Igel nehmen es in Besitz, und Eule und Rabe wohnen darin. Und er zieht darüber die Mess-Schnur der Öde und das Senkblei der Leere". Ninive war eine Metropole mit vielen Einwohnern und einem pulsierenden gesellschaftlichen Leben. Damit ist es ein für alle Mal vorbei. In seiner Mitte werden sich Herden und unterschiedliche Arten von Tieren lagern. Niemand wird sie daran hindern und sie stören. Es gibt Tiere in Menge, auch solche, die menschenscheu sind (Pelikane und Eulen). Sie werden auf den Säulenknäufen – die an den ehemaligen Reichtum erinnern – übernachten. Pelikan und Eule galten als unreine Tiere (3. Mo 11,13 ff.). Die Stimme, die im Fenster singt, könnte sich auf den Wind beziehen, der durch die offenen Fenster pfeift. Die Schwellen der Häuser werden nicht mehr von Menschen betreten. Stattdessen liegt Schutt herum. Das wertvolle Zederngebälk der kunstvoll gestalteten Decken und Wände ist bloßgelegt. Der ganze Bericht weist deutlich auf Zerstörung und Menschenleere hin.

Kapitel 2, Verse 4–15: Gericht über die Feinde

📖 Vers 15: *„Das ist die frohlockende Stadt, die in Sicherheit wohnte, die in ihrem Herzen sprach: Ich bin es und gar keine sonst! Wie ist sie zur Wüste geworden, zum Lagerplatz der wilden Tiere! Jeder, der an ihr vorüberzieht, wird zischen, wird seine Hand schwenken."*

Jetzt richtet sich der Scheinwerfer Gottes auf die Vergangenheit. Beschrieben wird nicht so sehr der Hass auf Gottes Volk, sondern die Dekadenz der Bewohner Ninives. Drei Dinge werden besonders erwähnt:

- Vergnügungssucht: Die Stadt frohlockte, man lebte in Saus und Braus. Es wurden – ähnlich wie später in Babylon – rauschende Feste gefeiert.

- Sicherheitsgefühl: Man fühlte sich in der Stadt sicher und wäre nie auf den Gedanken gekommen, sie könnte eingenommen werden. Ninive verfügte über gewaltige Schutzmauern, die als unüberwindbar galten.

- Arroganz: Als politische und wirtschaftliche Weltmetropole fühlte man sich allen anderen Städten weit überlegen. Der Leitspruch der Stadt als Ausdruck ihres verrückten Egoismus – „Ich bin es und gar keine sonst!" – war auch das Motto Babylons (Jes 47,8).

Zephanja – Gericht und Gnade

In Büchern über die Geschichte der Zeit des Alten Testaments kann man vieles über die Arroganz, den Hochmut und die Selbstvergötterung Ninives lesen.

> Den Charakter Ninives finden wir in modernen Gesellschaften des 21. Jahrhundert wieder. Vergnügungssucht und Zerstreuung stehen ganz oben auf der Liste der Bedürfnisse, die befriedigt werden wollen. Gott ist völlig außen vor. Man fühlt sich sicher und kann sich kaum vorstellen, dass sich das Leben plötzlich ändern könnte. Hochmut und Stolz sind an der Tagesordnung. Doch vergessen wir nicht: Für Gott ist es ein kleines, dieser Dekadenz von einem Tag auf den anderen ein Ende zu setzen.
>
> Für uns als Christen liegt die Warnung darin, uns von diesem Treiben der Menschen zu distanzieren. Ein hedonistischer Lebensstil – d. h. ein Leben, in dem das höchste Streben die Erfüllung der eigenen Sinneslust ist – passt nicht zu einem Christen. Die Welt vergeht – und ihre Lust (1. Joh 2,17). Petrus motiviert uns angesichts des kommenden Gerichts zu einem „heiligen Wandel und Gottseligkeit" (2. Pet 3,11).

Noch einmal zeigt Gott, wie schnell und drastisch sich Dinge ändern können. Ninive ist eine Wüste und ein Lagerplatz wilder Tiere geworden. So demütigt Gott die Hochmütigen. Kein Bewohner der Stadt hätte das je gedacht. Und nicht nur das.

Kapitel 2, Verse 4–15: Gericht über die Feinde

Wer das Schicksal Ninives sieht, wird zischen und seine Hand schwenken, d. h., man wird offen zeigen, dass es selbst verschuldet war. Niemand wird Mitleid mit Ninive haben. Man wird die Stadt vielmehr verhöhnen und verachten. Ninive selbst war für seine Grausamkeit bekannt. Auch die Menschen in Ninive ernten, was sie gesät haben.

Zephanja – Gericht und Gnade

Kapitel 3, Verse 1–4: Erneute Anklage gegen Jerusalem

Nachdem das Gericht über die Nationen verkündigt ist, wendet sich Gott erneut seinem Volk zu und erhebt Anklage gegen Jerusalem und gegen die Juden. Es ist eine weitgehende Anklage. Sie zeigt, welche Distanz die Juden zu ihrem Gott hatten. Die Vorwürfe richten sich zum einen gegen das Volk im Allgemeinen und zum andere gegen die zivilen und geistlichen Leiter des Volkes. Alle haben völlig versagt.

Das Volk insgesamt ist:

1. widerspenstig
2. befleckt
3. unterdrückend
4. unbelehrbar
5. keine Zucht annehmend
6. ohne Vertrauen auf Gott
7. ohne Nähe zu Gott

Zephanja – *Gericht und Gnade*

Den Verantwortlichen des Volkes wird zur Last gelegt:

1. die Fürsten sind brüllende Löwen
2. die Richter sind Abendwölfe
3. die Propheten prahlen und sind treulos
4. die Priester entweihen das Heiligtum und vergewaltigen das Gesetz

Diese privilegierte Stadt, die einen so hohen Stellenwert in Gottes Gedanken hat und die in ihrer Geschichte immer wieder die Hilfe und die Gegenwart Gottes erfahren hatte, ist zu einer Stadt geworden, die nicht mehr auf Gottes Stimme hört und seine Gegenwart nicht mehr realisiert. Das verkehrte Denken und Handeln der Führungsschicht findet sich in der Bevölkerung wieder.

> Es fällt einerseits nicht schwer, die Parallelen zu unserer Zeit zu ziehen. Andererseits tut es weh, zu sehen, wie weit das Abweichen des Volkes damals auf uns übertragen werden kann. Jerusalem war der Ort, den der HERR erwählt hatte, um seinen Namen dort wohnen zu lassen. Dort stand der Tempel Gottes, in dem Gott in der Mitte seines Volkes wohnen wollte und wo das Volk Ihm nahte. Auf uns übertragen, erinnert das an unser Bekenntnis, uns im Namen des Herrn Jesus hin zu versammeln, mit Ihm in der Mitte. Doch ist es nur ein Bekenntnis oder ist es Realität? Treffen die Vorwürfe gegen Israel nicht ebenso auf uns zu – und zwar allgemein auf das Volk und auch speziell auf diejenigen, die der Herr als Führer

Kapitel 3, Verse 1–4: Erneute Anklage gegen Jerusalem

gegeben hat? Wir wollen das Licht dieser Verse mit aller Seriosität auf uns scheinen lassen und ihm nicht ausweichen.

📖 *Vers 1: „Wehe der Widerspenstigen und Befleckten, der bedrückenden Stadt!"*

Die Anklage betrifft Jerusalem. Das macht der Kontext deutlich. Die Stadt „des großen Königs", die „Gründung des Friedens" war auf das Niveau der heidnischen Länder oder noch tiefer herabgesunken. „Wie ist zur Hure geworden die treue Stadt! Sie war voll Recht, Gerechtigkeit weilte darin, und jetzt Mörder!" (Jes 1,21; vgl. Jer 2,20).

W. Kelly schreibt: „Mit der Stadt ist nicht Ninive gemeint, sondern Jerusalem. Das ernsteste Wort Gottes ist immer für sein eigenes Volk, seine Stadt und sein Heiligtum bestimmt. Das Gericht muss an seinem Haus beginnen; die Anklage mag damit enden, aber das Gericht beginnt dort".[31]

> *Es stimmt nachdenklich, dass Gott den Namen der Stadt, die doch nach seinem Namen benannt war (Jer 25,29; Dan 9,18), hier nicht einmal in den Mund nimmt. Sie war in dieser Zeit keine „Gründung des Friedens", sondern eine gewalttätige Stadt, die keine Buße tun wollte. Und das, obwohl keine Stadt so bevorzugt war wie Jerusalem. Die Juden hatten nicht nur das Gesetz von Gott bekommen, sondern in Jerusalem war der Tempel Gottes, von wo aus Gott zu seinem Volk redete.*

---

31 W. Kelly: *The Prophet Zephaniah*

Zunächst werden dieser Stadt – und damit ihren Bewohnern – drei Vorwürfe gemacht:

- *Sie ist widerspenstig:* Das Wort kommt nur noch einmal im Alten Testament vor und wird dort mit „peitschen" übersetzt. Im Buch Hiob ist von der Straußhenne die Rede, die ihre Kinder hart behandelt, als ob sie ihr nicht gehörten. Gott hat ihr weder Weisheit noch Verstand gegeben. „Zur Zeit, wenn sie sich in die Höhe peitscht (gemeint ist, dass die mit den Flügeln peitscht), lacht sie über das Pferd und seinen Reiter" (Hiob 39,16–18). Man kann das Wort auch mit „rebellieren" oder „bitter" übersetzen.[32] Widerspenstige Menschen rebellieren („schlagen") gegen den Willen Gottes und tun ihn nicht. Genau das traf auf die Juden in Jerusalem zu. Jeremia schreibt: „Aber dieses Volk hat ein störriges und widerspenstiges Herz; sie sind abgewichen und weggegangen" (Jer 5,23).

- *Sie ist befleckt:* Das Wort bedeutet, dass etwas verunreinigt oder besudelt ist. In Daniel 1,8 wird das Wort zweimal gebraucht, um den Herzensentschluss Daniels zu zeigen, der sich eben nicht verunreinigen wollte. In Klagelieder 4,14 hören wir den Propheten sagen: „Sie irrten blind auf den Straßen (den Straßen Jerusalems) umher; sie waren mit Blut befleckt, so dass man ihre Kleider nicht anrühren mochte". Es war vor allem der Götzendienst Judas, durch den sie sich verunreinigt hatten.

---

32 Noomi bat die Bewohner von Bethlehem, sie „Mara" zu nennen. Genau das ist das Wort hier. Sie war bitter und verhärtet.

Kapitel 3, Verse 1–4: Erneute Anklage gegen Jerusalem

⊃ *Sie ist bedrückend*: Wer andere bedrückt oder bedrängt, behandelt sie gewalttätig (so wird das Wort an anderen Stellen übersetzt). Gott hatte im Gesetz niedergelegt, dass die Kinder Israel weder den Fremden noch den Bruder unterdrücken sollten (vgl. 2. Mo 22,20; 3. Mo 25,14). Doch genau das hatten sie getan. Gott wirft ihnen an anderer Stelle vor: „Das Volk des Landes verübt Erpressung und begeht Raub; und den Elenden und Armen bedrücken sie, und den Fremden übervorteilen sie widerrechtlich" (Hes 22,29).

Wir verstehen, dass Gott den Satz mit einem „Wehe" einleitet. Es ist einerseits ein Ausdruck der Klage und Trauer Gottes. Andererseits zeigt es das Urteil Gottes über das Böse Judas und seine Folgen. Jerusalems Sünde war damals der Anlass für das Gericht Gottes und wird der Anlass für eine weltweite Krise in der Zeit des Endes sein.

> Wir könnten bei dieser Beschreibung Jerusalems an den Charakter dieser Welt denken. Doch das wäre deutlich zu kurz gegriffen. Es geht nicht um die Welt, sondern um Menschen, die ein Bekenntnis zu Gott haben. Finden sich ähnliche Merkmale nicht heute in der Gemeinde Gottes? Statt Unterordnung unter Gottes Willen gibt es Starrsinn und sogar Rebellion (vielleicht nicht äußerlich, aber doch im Herzen). Statt sich selbst zu richten und zu reinigen, sind die Herzen durch offene oder verborgene Sünden verunreinigt. Und anstatt den Bruder und die Schwester zu achten und unsere Milde kundwerden zu lassen (Phil 4,5), werden sie

> unterdrückt. Der erste Vorwurf hat mit unserer Beziehung zu *Gott* zu tun. Der zweite Vorwurf ist mit uns *selbst* verbunden und der dritte Vorwurf mit unseren *Glaubensgeschwistern*. Die drei „Beziehungskreise" finden wir in Titus 2,12 wieder. Dort werden wir aufgefordert „besonnen, gerecht und gottselig" zu leben – besonnen im Blick auf uns selbst, gerecht im Blick auf andere und gottselig im Blick auf Gott.

📖 *Vers 2: „Sie hat auf keine Stimme gehört, keine Zucht angenommen; auf den* HERRN *hat sie nicht vertraut, ihrem Gott sich nicht genaht."*

Es folgen vier weitere Anklagen gegen Jerusalem, die zugleich die Ursache für das sind, was wir in Vers 1 gefunden haben. Sie zeigen noch einmal, wie unendlich weit sich Gottes Volk von seinem Standard entfernt hatte:

- *Sie hört nicht auf Gottes Stimme:* Gottes Stimme kam zu ihnen durch das Gesetz und durch die Propheten. Doch sie hörten nicht (Jer 25,3.4). Der ganze Opferdienst hatte keinen Wert, weil sie nicht bereit waren, auf Gottes Stimme zu hören (1. Sam 15,22). Von einem „Zittern" vor Gottes Wort konnte keine Rede sein (vgl. Jes 66,2).

- *Sie nimmt keine Zucht (oder Unterweisung) an*: Das zeigt, dass die Juden sich nicht korrigieren ließen. Wer nicht auf Gottes Stimme hört, nimmt auch keine Zucht an (vgl. Jer

Kapitel 3, Verse 1–4: Erneute Anklage gegen Jerusalem

7,28). Die Juden spürten Gottes Zucht, die sie zurückbringen wollte, aber sie reagierten nicht darauf. Gott muss sagen: „Du hast ja die Zucht gehasst und meine Worte hinter dich geworfen" (Ps 50,17). „Herr… Du hast sie geschlagen, aber es hat sie nicht geschmerzt. Du hast sie vernichtet – sie haben sich geweigert, Zucht anzunehmen; sie haben ihre Angesichter härter gemacht als Fels, sie haben sich geweigert umzukehren" (Jer 5,3). Schon Hiob wusste: „Siehe, glückselig der Mensch, den Gott straft! So verwirf denn nicht die Züchtigung des Allmächtigen" (Hiob 5,17). Von diesem Glück waren die Juden weit entfernt.

- *Auf den HERRN hat sie nicht vertraut*: Es geht um ein Vertrauen, das in Sicherheit ruhen lässt (vgl. Hiob 11,18). Stattdessen setzten die Juden ihr Vertrauen auf die Götzen (Jes 42,17), auf ihr eigenes Vermögen (Ps 49,7) oder auf die militärische Macht der Nationen (Ps 146,3), wie z. B. Assyrien oder Ägypten – ein Vertrauen, das nur enttäuscht werden konnte. „So spricht der HERR: Verflucht ist der Mann, der auf den Menschen vertraut und Fleisch zu seinem Arm macht und dessen Herz von dem HERRN weicht!" (Jer 17,5).

- *Sie hat sich ihrem Gott nicht genaht*: Es war „ihr Gott", doch die Beziehung war keine Herzensbeziehung mehr. Wer sich Gott nicht naht, meidet seine Gegenwart, hört nicht auf Ihn und dient Ihm nicht. Die Juden hielten sich fern von ihrem Gott, weil sie seine Gegenwart nicht ertragen wollten und konnten. Es liegt auf der Hand, dass sich jemand, der nicht auf Gott hört, der keine Zucht annimmt und nicht auf Gott vertraut, in seiner Gegenwart unwohl fühlt und sie meidet. Die Schuld lag nicht bei Gott. Sie lag ausschließlich bei den Juden.

> Um uns näher zu sich zu bringen und die Gemeinschaft aufrecht zu erhalten, redet Gott zu uns. Er tut es durch sein Wort und durch prophetischen Dienst. Hören wir oder rebellieren wir? Zucht ist ein Mittel in Gottes Hand, um Korrektur hervorzubringen. Wir werden ausdrücklich aufgefordert, Gottes Zucht nicht zurückzuweisen (Heb 12,5), sondern uns durch sie korrigieren zu lassen. Tun wir das noch? Gott fragt uns auch, wem wir vertrauen. Der Herr hat bewiesen, dass es gut ist, wenn wir unser Vertrauen allein auf Ihn setzen. Und dann möchte Er, dass wir in einem Zustand sind, in dem wir gerne in seiner Nähe und in Gemeinschaft mit Ihm leben und uns nicht – innerlich und äußerlich – von Ihm entfernen. Der Moment wird kommen, wo wir uns selbst in den Zusammenkünften der Gläubigen unwohl fühlen, weil wir spüren, dass unser Leben nicht zu der Gegenwart des Herrn passt.
>
> Gott macht uns Mut und sagt uns: „Wer unter euch fürchtet den Herrn? Wer hört auf die Stimme seines Knechtes? Der in Finsternis wandelt und dem kein Licht glänzt, vertraue auf den Namen des HERRN und stütze sich auf seinen Gott" (Jes 50,10).

Kapitel 3, Verse 1–4: Erneute Anklage gegen Jerusalem

📖 *Verse 3 und 4: „Ihre Fürsten in ihrer Mitte sind brüllende Löwen; ihre Richter sind Abendwölfe, die nichts für den Morgen übrig lassen. Ihre Propheten sind Prahler, treulose Männer; ihre Priester entweihen das Heiligtum, tun dem Gesetz Gewalt an."*

Nun geht es um die geistliche Leiterschaft in Jerusalem. Es werden vier Gruppen genannt: Die Fürsten und Richter trugen Verantwortung für das zivile Leben, die Propheten und Priester trugen Verantwortung für das geistliche Leben. Zusammen waren sie prägend für den Zustand des Volkes. Wir sollten nicht vergessen, dass das Verhalten der „Führer" auf die „Geführten" abfärbt. Führer sind immer ein Vorbild, dem andere folgen – sei es zum Guten oder zum Schlechten.[33]

Hesekiel hatte diese „Hirten" des Volkes ebenfalls im Visier (Hes 34,1–7). Er zeigt, dass sie im Gegensatz zu dem echten Hirten Israels (dem Messias) stehen. Gottes Urteil lautet: „Die Schwachen habt ihr nicht gestärkt und das Kranke nicht geheilt und das Verwundete nicht verbunden und das Versprengte nicht zurückgeführt und das Verlorene nicht gesucht; und mit Strenge habt ihr über sie geherrscht und mit Härte" (Hes 34,4). Zephanjas Botschaft zeigt nicht so sehr ihr Fehlverhalten gegenüber der Herde, sondern die charakterliche Bosheit dieser Führer.

---

33 Dabei liegt die Verantwortung auf beiden Seiten. Die Führer haben Verantwortung und müssen sich fragen, wohin sie andere führen. Die Geführten haben ebenfalls Verantwortung. Sie müssen sich fragen, wohin sie sich führen lassen. Ohne Frage liegt jedoch die größere Verantwortung bei den Führern.

- Die *Fürsten* in der Mitte des Volkes gleichen brüllenden Löwen: Die Fürsten (es geht nicht um den König selbst) sind die zivilen Obersten und Aufseher, die im Volk waren. Gott hatte es so vorgesehen, zum Nutzen seines Volkes. Doch statt dem Volk wirkliche Ausrichtung zu geben, glichen sie brüllenden Löwen. Der reißende Löwe tötet, der brüllende Löwe verbreitet Angst und Schrecken. Die Metapher des brüllenden Löwen wird im Alten wie im Neuen Testament gebraucht. Salomo schreibt sehr treffend: „Ein brüllender Löwe und ein gieriger Bär: So ist ein gottloser Herrscher über ein armes Volk" (Spr 28,15). Genau das sehen wir hier.

- Die *Richter* gleichen gefräßigen Abendwölfen, die nichts für den Morgen übrig lassen: Die Aufgabe der Richter bestand darin, dass sie Recht sprachen. Sie sollten die Streitsachen zwischen ihren Brüdern hören und richten „in Gerechtigkeit zwischen einem Mann und seinem Bruder und dem Fremden bei ihm" (5. Mo 1,16). Sie sollten die Unschuldigen schützen und die Schuldigen bestrafen. Doch weit gefehlt. Die Richter zur Zeit Zephanjas waren nur auf den eigenen Vorteil fokussiert. Sie glichen gierigen Abendwölfen. Die Abendwölfe werden noch einmal in Habakuk 1,8 genannt. Dort geht es um ihre *Geschwindigkeit*. Hier steht ihre *Gier* im Vordergrund. Sie ließen nichts übrig, d. h., sie waren egoistisch und zeigten weder Gnade noch Barmherzigkeit.

- Die *Propheten* prahlen und sind treulos: Propheten waren Männer im Volk Gottes, die Gott als Sprachrohr benutzte. Sie redeten in erster Linie für Gott zu dem Volk (je nach Situation: Warnung und Ermutigung) oder für das Volk zu

Kapitel 3, Verse 1–4: Erneute Anklage gegen Jerusalem

Gott (Fürbitte). Die Propheten, von denen hier die Rede ist, waren falsche Propheten. Sie stellten sich selbst in den Vordergrund und kamen ihrer eigentlichen Aufgabe nicht nach. Das Wort „Prahler" wird in Richter 9,4 mit „verwegen" übersetzt. Man könnte auch „überwallend" sagen (ein ähnliches Wort wie in 1. Mo 49,4). Es geht um frivole Menschen. Von ihnen heißt es: „Die Treulosen habe ich gesehen, und es ekelte mich an, weil sie dein Wort nicht hielten" (Ps 119,158).

⮕ Die *Priester* entweihen das Heiligtum und vergewaltigen das Gesetz: Die Priester übten den Dienst im Tempel aus, aber nicht nur das – sie lehrten auch das Volk. 2. Chronika 15,3 gebraucht den Ausdruck: „lehrende Priester". Durch Micha wirft Gott seinem Volk vor: „Seine Priester lehren für Lohn" (Mich 3,11). Der Vorwurf an die Priester ist deshalb ein doppelter:

a) Durch ihr Verhalten entweihten sie das Heiligtum, d. h., sie trugen der Heiligkeit Gottes nicht Rechnung. Gott konnte an ihrem Dienst keine Freude haben – im Gegenteil. Sie nahmen Gott die Anbetung weg, die Ihm zustand. Sie entweihten den Tempel mit Götzendienst und indem sie unreine Opfertiere darbrachten (vgl. den späteren Vorwurf Gottes in Mal 1,8).[34]

---

[34] Man kann hier an die Worte Jeremias denken: „Wie? Stehlen, morden und Ehebruch treiben und falsch schwören und dem Baal räuchern und anderen Göttern nachwandeln, die ihr nicht kennt! Und dann kommt ihr und tretet vor mein Angesicht in diesem Haus, das nach meinem Namen genannt ist, und sprecht: Wir sind errettet! damit ihr alle diese Gräuel verübt. Ist denn dieses Haus, das nach meinem Namen genannt ist, eine Räuberhöhle geworden in euren Augen? Ich selbst, siehe, ich habe es gesehen, spricht der Herr" (Jer 7,9–11). Dadurch wurde der Tempel tatsächlich entweiht.

b) Zugleich vergewaltigten sie das Gesetz. In Klagelieder 2,6 wird das zugrundeliegende hebräische Wort mit „zerwühlen" übersetzt. Die Priester kannten das Gesetz, aber sie praktizierten es nicht und sie lehrten es nicht richtig. Sehr ähnlich lautet Gottes Vorwurf durch Hesekiel: „Seine Priester tun meinem Gesetz Gewalt an und entweihen meine heiligen Dinge; zwischen Heiligem und Unheiligem unterscheiden sie nicht, und den Unterschied zwischen Unreinem und Reinem tun sie nicht kund; und vor meinen Sabbaten verhüllen sie ihre Augen, und ich werde in ihrer Mitte entheiligt" (Hes 22,26; vgl. auch Mal 2,7.8).

Führung im Volk Gottes ist ein biblisches Prinzip, das in der Gemeinde Gottes ebenfalls gilt. Das Neue Testament spricht von „Führern" (z. B. Heb 13,7.17.24) und ebenfalls von „Ältesten" und von „Aufsehern". Die Führer scheinen eher eine überörtliche Funktion gehabt zu haben, die Ältesten und Aufseher taten ihren Dienst in der örtlichen Gemeinde.

Paulus sagt, dass die Ältesten zunächst auf sich selbst achten sollten und dann auch auf die ganze Herde (Apg 20,28). Petrus ermahnt sie wie folgt: „Die Ältesten nun unter euch ermahne ich, der Mitälteste und Zeuge der Leiden des Christus und auch Teilhaber der Herrlichkeit, die offenbart werden soll: Hütet die Herde Gottes, die bei euch ist, indem ihr die Aufsicht nicht aus Zwang führt, sondern freiwillig, auch nicht um schändlichen Gewinn, sondern bereitwillig, und nicht als solche, die über ihre Besitztümer herrschen, sondern die Vorbilder der Herde sind" (1. Pet 5,1–3). Es wird deutlich, was

Kapitel 3, Verse 1–4: Erneute Anklage gegen Jerusalem

Gott von geistlichen Leitern erwartet und was Er nicht erwartet. Die Kontraste sprechen für sich.

Wir wollen uns die Worte des Propheten Zephanja zu Herzen nehmen.

Führer sollen in der „Sanftmut und Milde des Christus" auftreten (2. Kor 10,1) und statt Angst und Schrecken Sicherheit und Geborgenheit vermitteln.

Führer sollen die Gesinnung des Herrn zeigen und nicht an sich selbst und ihren eigenen Vorteil denken (Phil 2,4). Sie sollten ein „gerechtes Urteil" haben und nicht Zucht ausüben, die nicht durch die Lehre des Neuen Testamentes legitimiert ist.

Führer sollen bescheiden und treu sein und sich nicht selbst in den Vordergrund stellen (1. Kor 4,2; Röm 12,3). Sie sollten „das Wort" predigen und sich als Sprachrohr Gottes gebrauchen lassen. Ihre eigene Meinung ist nicht so wichtig.

> *Es ist sehr ernst, wenn Verantwortliche in einer Gemeinde die Herde nur noch durch den Missbrauch ihrer Autorität zusammenhalten können. Wenn Gottes Wort verbogen wird und menschliche Gebote und Regeln eingeführt werden, ist das Ende einer örtlichen Gemeinde eingeleitet. „Darum wird das Gesetz kraftlos, und das Recht kommt niemals hervor; denn der Gottlose umzingelt den Gerechten: Darum kommt das Recht verdreht hervor" (Hab 1,4).*

Führer sollen der Heiligkeit des Hauses Gottes Rechnung tragen und das Wort Gottes reden. Wer das Wort Gottes redet, sollte sich seiner Verantwortung bewusst sein, es so vorzustellen, dass es „Aussprüche Gottes" sind, die er redet (1. Pet 4,11). Es geht nicht darum die eigene Eloquenz in den Vordergrund zu stellen und wir dürfen dem Wort Gottes nicht Gewalt antun, es falsch (oder einseitig) lehren oder anwenden.

Kapitel 3, Verse 5–7: Das gerechte Handeln Gottes im Gericht

Gott appelliert nun noch einmal an sein Volk. Sein Verhalten steht im völligen Gegensatz zu dem des Volkes und seiner Führer. Er ist gerecht und handelt gerecht – auch im Gericht. Noch einmal macht Er deutlich, dass sein Gericht die Nationen getroffen hat. Sein Volk sollte deshalb nicht denken, sie würden verschont bleiben. Der Appell Gottes ist ernst und zugleich liebevoll. Er bittet sein Volk, Ihn zu fürchten und seine Zucht anzunehmen. Und doch weiß Er, dass es vergeblich ist.

Gott hatte die Juden wiederholt ermahnt und gewarnt. Sie wussten, dass Er mehrfach im Gericht eingegriffen und große Städte der Nationen vernichtet hatte. Sie wussten um den Untergang des Nordreiches mit seiner Hauptstadt Samaria. Doch statt auf Gott zu hören, handelten sie nur umso schlimmer.

 Vers 5: „Der HERR ist gerecht in ihrer Mitte, er tut kein Unrecht; Morgen für Morgen stellt er sein Recht ans Licht, ohne zu fehlen. Aber der Ungerechte kennt keine Scham."

Es ist eine absolute Aussage und sie ist absolut wahr. „Der HERR ist gerecht" (vgl. Ps 129,4; Klgl 1,18). Er steht damit im völligen

Gegensatz zu den Führern der Juden, die ungerecht waren. Doch nicht nur das: Wenn Gott gerecht *ist*, dann *handelt* Er auch gerecht. Er ist gerecht „in allen seinen Wegen" (Ps 145,17). Das Neue Testament zeigt uns, dass der Herr Jesus der „treue und wahrhaftige Zeuge" ist (Off 3,14). Er tut kein Unrecht und Er kann kein Unrecht tun. Für den Unterdrückten bedeutet das Trost und Hilfe. Für den Gottlosen bedeutet es Schrecken und Gericht. Gott ist gerecht, wenn Er richtet, und sein Gericht ist gerecht (Off 16,5.7; 19,2). „Gerechtigkeit wird der Gurt seiner Lenden sein" (Jes 11,5). „Er richtet und führt Krieg in Gerechtigkeit" (Off 19,11).

Israel hatte eine herrliche Zusage von Gott bekommen: „Und ich werde in der Mitte der Kinder Israel wohnen und werde ihr Gott sein" (2. Mo 29,45; vgl. 1. Kön 6,13). Solange der Tempel bestand, war das immer noch wahr. Aber es stimmte zugleich, dass durch die Heiligkeit und Gerechtigkeit des Herrn in ihrer Mitte der böse Zustand der Juden noch schwerer wog und das Gericht darüber erforderte.

> *Für den Gläubigen ist es ein tröstender Gedanke, dass der Herr in der Mitte der Seinen ist und gerecht handelt. Für den Ungläubigen und Sünder hingegen muss es ein erschreckender Gedanke sein. Die Gegenwart Gottes macht Sünde umso gravierender.*

Wir müssen bedenken, dass der Tempel zur Zeit Zephanjas noch nicht zerstört war und die Herrlichkeit Gottes diesen Tempel noch nicht verlassen hatte.

Morgen für Morgen stellt Er sein Recht ans Licht. Der frühe Morgen war im Orient der Zeitpunkt, an dem Gericht gesprochen wurde. Hier steht die Aussage im Gegensatz zu den rei-

Kapitel 3, Verse 5–7: Das gerechte Handeln Gottes im Gericht

ßenden Abendwölfen, die kein Recht sprachen und in der Dunkelheit ihre Beute verzehrten. Die Voraussage wird sich im kommenden Friedensreich erfüllen, wenn tatsächlich jeden Morgen alle Gottlosen des Landes vertilgt werden, „um aus der Stadt des HERRN auszurotten alle, die Frevel tun" (Ps 101,8). Wenn Er das Recht ans Licht stellt, macht Er keinen Fehler (oder: es wird nichts vermisst, es fehlt nichts).

Doch auch diese Warnung geht ins Leere. „Der Ungerechte kennt keine Scham". Der Ungerechte ist ein „Frevler", jemand, der verletzt, verdreht und gottlos ist. Scham ist Schande oder Beschämung. Der Vorwurf richtet sich an die Juden. Sie hatten keine Absicht, ihr Verhalten zu ändern, sondern sündigten unverschämt weiter. Jeremia schreibt wenig später: „Sie werden beschämt werden, weil sie Gräuel verübt haben. Ja, sie schämen sich keineswegs, ja, Beschämung kennen sie nicht. Darum werden sie fallen unter den Fallenden; zur Zeit, da ich sie heimsuchen werde, werden sie straucheln, spricht der HERR" (Jer 6,15).

Wir können mit Fug und Recht vor der Schamlosigkeit vieler Ungläubiger erschrecken. Sie zeigt sich gerade in den modernen postchristlichen Gesellschaften. Viele Menschen scheinen nicht die geringste Regung des Gewissens zu kennen. Ihre „Ehre ist in ihrer Schande" (Phil 3,19). Doch die Frage lautet, wie es bei *uns* aussieht. Zephanja wendet sich an Menschen, die zumindest eine äußere Beziehung zu Gott hatten. Als Ungläubige haben wir unsere Glieder tatsächlich zur Unreinheit und Gesetzlosigkeit benutzt. Es waren Dinge, für die wir uns jetzt schämen (Röm 6,19.21). Doch ist das wirklich so, schämen wir uns? Es gibt auch Dinge, für die wir uns

> nicht schämen sollten, wie zum Beispiel das Evangelium und das Zeugnis unseres Herrn (Röm 1,16; 2. Tim 1,12). Wie sieht hier die Realität aus? Schämen wir uns da nicht manches Mal? Gibt es also nicht oft Dinge in unserem Leben, derer wir uns schämen sollten, und wir tun es nicht, während wir uns da schämen, wo wir uns nicht schämen sollten?

📖 *Vers 6: „Ich habe Nationen ausgerottet, ihre Zinnen sind verödet; ich habe ihre Straßen verwüstet, dass niemand darüber zieht; ihre Städte sind verheert, dass niemand da ist, kein Bewohner mehr."*

Gott erinnert sein Volk nun daran, was Er in der Vergangenheit getan hatte. Sie sollten sich nicht irren und denken, das Gericht würde an ihnen vorbeigehen. Er hatte ganze Nationen ausgerottet, so dass sie nicht mehr existierten. Er hatte große Städte dem Erdboden gleichgemacht, so dass ihre Zinnen verödet (verwüstet, vernichtet) waren (vgl. Kap 1,16, wo von festen Städten und hohen Zinnen die Rede war) und die Straßen so verwüstet (vertrocknet, öde gemacht), dass niemand mehr darüber ging. Die Städte waren verheert (zerstört und entvölkert), so dass niemand mehr darin wohnen konnte.

Es wird nicht genau gesagt, um welche Nationen und Städte es sich handelt. Es ist möglich, dass Gott an die Völker denkt, die Israel besiegt hatte, und an die Städte, die Israel zerstört hatte. Wir wissen es nicht genau. Die Aussage ist bewusst all-

Kapitel 3, Verse 5–7: Das gerechte Handeln Gottes im Gericht

gemein gehalten. Es geht jedenfalls darum, zu zeigen, dass Gott tatsächlich richtet. Es ist klar, dass diese Städte aufgrund kriegerischer Auseinandersetzungen zerstört wurden. Kriege einer Nation gegen eine andere sind letztlich auch ein Gericht Gottes. Die Nationen glaubten, ohne Gott handeln zu können, doch sie machten ihre Rechnung ohne Gott. Das sollte sein Volk gut bedenken. Sie sollten es sich zu Herzen nehmen, sonst würde es Jerusalem nicht anders ergehen.

📖 *Vers 7: „Ich sprach: Möchtest du mich nur fürchten, möchtest du Zucht annehmen – und ihre Wohnung würde nicht ausgerottet werden –, alles, was ich über sie verhängt habe! Doch sie haben sich früh aufgemacht, haben in allen ihren Taten böse gehandelt."*

Jetzt erreicht der Appell Gottes die Ohren der Juden – doch sie hören nicht. Gott redet zu ihnen. Er fordert sie erstens dazu auf, Ihn zu fürchten, und zweitens, Zucht anzunehmen.

⊃ *Den HERRN fürchten*: Das Thema der „Furcht des HERRN" durchzieht das ganze Alte Testament. Gott hatte seinem Volk unmissverständlich gesagt: „Den HERRN, deinen Gott, sollst du fürchten und ihm dienen, und bei seinem Namen sollst du schwören" (5. Mo 6,13; vgl. 5. Mo 10,12; 13,5 u. a.). Die Betonung liegt dabei auf der Tatsache, dass sie den HERRN fürchten und nicht anderen Göttern folgen

Zephanja – Gericht und Gnade

und dienen sollten. Genau darin lag ihr permanentes Fehlverhalten. Deshalb fordert Gott sie auf, zur Furcht des Herrn zurückzukehren, Ihn als ihren Gott zu respektieren, auf Ihn zu hören und Ihn anzubeten.

- *Zucht annehmen*: Zucht ist zum einen Unterweisung (so wird das Wort häufig übersetzt), zum anderen ist es Warnung, dann aber auch Züchtigung und Strafe. Das Wort kommt im Alten Testament 42-mal vor, davon allein 30-mal in den Sprüchen. Gott warnte sein Volk immer wieder mit Worten. Er strafte es, wenn es nicht hören wollte, um es zurückzubringen. Die Reaktion darauf war meistens, dass die Juden Zucht hassten und Gottes Worte hinter sich warfen (Ps 50,17). Trotz des Appelles Gottes an die Juden muss Jeremia wenig später klagend feststellen, dass sie sich geweigert hatten, Zucht anzunehmen (Jer 5,3; 7,28; 17,23; 32,33; 35,13).

Wir werden unwillkürlich an die Worte des Herrn Jesus selbst erinnert: „Jerusalem, Jerusalem, die da tötet die Propheten und steinigt, die zu ihr gesandt sind! Wie oft habe ich deine Kinder versammeln wollen wie eine Henne ihre Brut unter ihre Flügel, und ihr habt nicht gewollt! Siehe, euer Haus wird euch überlassen. Ich sage euch aber: Ihr werdet mich nicht sehen, bis die Zeit kommt, dass ihr sprecht: Gepriesen sei, der da kommt im Namen des Herrn!" (Lk 13,34.35).

Gottes Urteil stand fest. Ihre Wohnung würde ausgerottet (abgeschnitten, vernichtet) werden. Es geht hier nicht um den Tempel Gottes (seine Wohnung), sondern um *ihre* Wohnung,

Kapitel 3, Verse 5–7: Das gerechte Handeln Gottes im Gericht

d. h. um die Stadt Jerusalem.[35] Es fällt dennoch auf, dass Gott von der direkten Ansprache (du) auf die indirekte Ansprache (ihr, sie) wechselt. Damit wird deutlich, wie Gott innerlich Abstand von diesem Volk nimmt.

Das Gericht über Jerusalem war von Gott fest bestimmt. *Er* hatte es über die Juden verhängt. Es war eine „Heimsuchung" oder „Musterung" Gottes (so wird das Wort an anderen Stellen häufig übersetzt). Doch diese Heimsuchung und Musterung Gottes erreichte ihr Ziel nicht. Die Juden machten sich früh auf, um in ihren bösen Taten fortzufahren.

Das Alte Testament spricht an verschiedenen Stellen von Menschen, die sich früh aufgemacht haben – zum Guten (z. B. 1. Mo 22,3) wie zum Schlechten (z. B. 2. Mo 32,6). Gott fordert an verschiedenen Stellen dazu ausdrücklich auf (z. B. 2. Mo 9,13). Es ist der Prophet Jeremia, der etwa zehnmal davon spricht, dass Gott selbst sich früh aufmachte, um zum Herzen seines Volkes zu reden (zum ersten Mal in Jer 7,13). Doch hier macht nicht *Gott* sich früh auf, sondern die *Juden*. Man gewinnt fast den Eindruck, dass sie gar nicht früh genug damit anfangen konnten, in ihren Taten böse zu handeln. Sie waren böse und das zeigte sich in ihrem Verhalten. Das Wort „böse" wird häufig mit „zerstören" und „verderben" übersetzt, d. h., es geht um die verderblichen Auswirkungen dessen, was sie taten. Letztlich zerstörten und verdarben sie sich damit selbst (vgl. 2. Pet 2,1).

---

35 Es ist klar, dass mit der Zerstörung der Stadt auch der Tempel zerstört wurde. In Matthäus 23,38 ist zwar die Rede von „eurem Haus" und dort ist tatsächlich der Tempel gemeint, aber in Verbindung mit der „Wohnung" ist es immer die „Wohnung Gottes". An keiner Stelle wird der Tempel die Wohnung des Volkes genannt.

Paulus schreibt an Timotheus: „Alle Schrift ist von Gott eingegeben und nützlich zur Lehre, zur Überführung, zur Zurechtweisung, zur Unterweisung in der Gerechtigkeit, damit der Mensch Gottes vollkommen sei, zu jedem guten Werk völlig geschickt" (2. Tim 3,16). Gott redet durch sein Wort zu uns. Er belehrt, überführt, weist zurecht und unterweist uns. Sein Ziel ist es, dass wir nicht böse und verkehrt handeln, sondern zu jedem guten Werk völlig geschickt sind. Sein Appell ergeht auch an uns, Gott zu fürchten (es lohnt sich, in diesem Zusammenhang die Verse über die „Furcht des HERRN" im Buch der Sprüche zu lesen) und seine Zucht anzunehmen. Von den sieben Gemeinden in Offenbarung 2 und 3 bekommen fünf ein Wort der Korrektur. Sie haben es wahrscheinlich mehrheitlich nicht angenommen. Wie steht es mit uns?

Kapitel 3, Vers 8: Gottes Rechtsspruch

Nachdem völlig klar geworden ist, dass das Volk als Ganzes nicht zur Buße bereit ist, kann nur das Gericht über Israel die Folge sein. Doch Zephanja spricht nicht weiter über dieses Gericht, sondern er hat vielmehr eine Botschaft der Gnade für den Überrest. Bevor er jedoch ab Vers 9 diese Gnadenbotschaft für den Überrest ankündigt, zeigt er den Rechtsspruch Gottes im Blick auf die Nationen. Die Botschaft selbst gilt ohne Frage dem Überrest des Volkes, der nicht mit dem Strom schwimmt, sondern seinem Gott treu sein will. Gott richtet ein Wort an diesen Überrest und fordert ihn auf, Ihm zu vertrauen. Der Herr würde an seinem Tag nicht nur das Gericht über Israel bringen, sondern auch über die Nationen. Das würde den Weg bereiten, um schließlich sein Volk zu segnen. Bis dahin war Ausharren nötig.

 Vers 8: „Darum harrt auf mich, spricht der HERRN, auf den Tag, an dem ich mich aufmache zur Beute! Denn mein Rechtsspruch ist, die Nationen zu versammeln, die Königreiche zusammenzubringen, um meinen Grimm über sie auszugießen, die ganze Glut meines Zorns; denn durch das Feuer meines Eifers wird die ganze Erde verzehrt werden."

Zephanja – Gericht und Gnade

Der Vers beginnt mit dem Wort „darum", d. h., es wird auf das verwiesen, was vorher gesagt worden ist. Zephanja hatte die Sündhaftigkeit des Volkes als Ganzes gezeigt. Daran schließt sich der Appell an den Überrest des Volkes, auf den HERRN zu harren, d. h., auf Ihn zu warten, zu hoffen und Ihm zu vertrauen. Dieses Vertrauen ist nötig im Blick auf den kommenden Tag, an dem der Herr sich aufmacht zur Beute. Dann wird der gläubige Überrest ausharrend auf Ihn vertrauen. Sie werden sagen: „Unsere Seele wartet auf den HERRN; unsere Hilfe und unser Schild ist er" (Ps 33,20). Der Prophet Daniel nennt diese „Harrenden" der Endzeit ausdrücklich „glückselig" (Dan 12,12). Das Gericht wird furchtbar sein, doch am Ende wird der Überrest gerettet werden.

> Christen sind in einer anderen Situation. Wir wissen, dass wir nicht durch die Gerichte der Endzeit gehen werden. Dennoch warten und hoffen wir mit Ausharren, solange wir noch in den Schwierigkeiten des täglichen Lebens sind. Paulus motiviert uns dazu ausdrücklich: „Wenn wir aber das hoffen, was wir nicht sehen, so warten wir mit Ausharren" (Röm 8,25).

Es ist *sein* Tag – der Gerichtstag des HERRN. Er entscheidet, wann dieser Tag beginnt und was dort geschieht. Er macht sich auf zur Beute. Das Wort „Beute" wird an anderen Stellen mit „Raub" übersetzt. In 1. Mose 49,27 kommt es zum ersten Mal vor. Dort ist von Benjamin die Rede (ein Hinweis auf den Messias), der am Morgen „Raub" verzehrt.

Kapitel 3, Vers 8: Gottes Rechtsspruch

Dabei geht es um die Nationen. Der HERR hat einen Rechtsspruch, d. h. eine Rechtssache, einen fest beschlossenen Plan, der sicher ausgeführt werden wird. Er wird die Nationen versammeln und die Königreiche zusammenbringen, d. h., sie werden „eingesammelt" (oder „an einen Ort" gebracht) werden (vgl. Sach 14,2). Der Zweck ist, dass der HERR seinen Grimm über sie ausgießt, die ganze Glut seines Zorns, damit durch das Feuer seines Eifers die ganze Erde verzehrt werde. Gottes Geduld mit den Nationen ist am Ende. Jetzt kommt das finale Gericht.

Es ist das Ende der Gerichtsbotschaft Zephanjas und sie erinnert an den Beginn seiner Weissagung, als er davon gesprochen hat, dass der HERR „alles von der Fläche des Erdbodens ganz und gar wegraffen" wird (Zeph 1,2). Die Begriffe, die er verwendet, sind in der Tat drastisch:

- ⊃ Der Grimm des HERRN und die Glut seines Zorns werden ausgegossen: Etwas Ausgegossenes kann nicht wieder eingesammelt werden. Der Grimm und die brennende Zornglut sind unumkehrbar. Nahum stellt die berechtigte Frage: „Wer kann vor seinem Grimm bestehen, und wer standhalten bei der Glut seines Zorns? Sein Grimm ergießt sich wie Feuer, und die Felsen werden von ihm zerrissen" (Nah 1,6). Niemand wird diesem Gericht entkommen.

- ⊃ Das Feuer seines Eifers wird die ganze Erde verzehren: Eifer (eigentlich Eifersucht) weist auf Überschwang und Inbrunst hin. Das „Feuer seines Eifers" zeigt den ganzen

Ernst dieses Gerichts (vgl. Kap 1,18). „Feuer" und „Eifer" werden im Alten Testament einige Male miteinander verbunden, zum ersten Mal in 5. Mose 4,24. Dort wird von Gott gesagt: „Denn der HERR, dein Gott, ist ein verzehrendes Feuer, ein eifernder Gott". Die ganze Erde wird verzehrt (gefressen), d. h. vernichtet werden. Es wird in der Tat ein universelles Gericht sein.

Erneut wird deutlich, dass Zephanja auf die Zeit des Endes hinweist. Die Weissagung dieses Verses hat sich bisher nicht erfüllt. Sie ist eindeutig und ausschließlich zukünftig. Wir fragen uns, wann sie sich erfüllen wird:

⇨ Eine Aussage des Propheten Sacharja hilft weiter: „Siehe, ein Tag kommt für den HERRN, da wird deine Beute in deiner Mitte verteilt werden. Und ich werde alle Nationen nach Jerusalem zum Krieg versammeln; und die Stadt wird eingenommen und die Häuser werden geplündert und die Frauen vergewaltigt werden; und die Hälfte der Stadt wird in die Gefangenschaft ausziehen, aber das übrige Volk wird nicht aus der Stadt ausgerottet werden. Und der HERR wird ausziehen und gegen jene Nationen kämpfen, wie an dem Tag, da er kämpft, an dem Tag der Schlacht. Und seine Füße werden an jenem Tag auf dem Ölberg stehen, der vor Jerusalem im Osten liegt" (Sach 14,1-4).

Kapitel 3, Vers 8: Gottes Rechtsspruch

⮕ Ähnliches lesen wir im Propheten Joel: „Denn siehe, in jenen Tagen und zu jener Zeit, wenn ich die Gefangenschaft Judas und Jerusalems wenden werde, dann werde ich alle Nationen versammeln und sie in die Talebene Josaphat hinabführen; und ich werde dort mit ihnen rechten über mein Volk und mein Erbteil Israel, das sie unter die Nationen zerstreut haben; und mein Land haben sie geteilt und über mein Volk das Los geworfen; und den Knaben haben sie für eine Hure gegeben und das Mädchen für Wein verkauft, den sie getrunken haben" (Joel 4,1-3).

⮕ Im Neuen Testament wird dieses Endgericht mit der Schlacht in Harmagedon verbunden. In Offenbarung 16 lesen wir davon, dass die „Könige des ganzen Erdkreises" versammelt werden zu dem „Krieg des großen Tages Gottes" und dass Er sie versammelt „an den Ort, der auf Hebräisch Harmagedon heißt" (Off 16,14.16). Offenbarung 19 beschreibt, was dort geschieht und wie die „Könige der Erde und ihre Heere" versammelt sind, um Krieg gegen Christus zu führen, und dann gerichtet werden (Off 19,19-21). Das ist das finale Gericht, das stattfinden muss, um den Weg der Herrschaft des Sohnes des Menschen über diese Welt freizumachen.

Das Gericht wird furchtbar sein. Wenn wir nur die Aussagen in Offenbarung 19 lesen, könnten wir denken, die Könige der Erde versammeln sich selbst bzw. tun es unter dämonischem Einfluss. Unser Vers in Zephanja 3 macht allerdings klar, dass es der fest beschlossene Ratschluss Gottes ist, der sich darin erfüllt (vgl. Sach 14,2, wo Gott ebenfalls derjenige ist, der agiert). *Er* macht sich auf. *Er* versammelt und bringt zusammen. *Er* gießt seinen Zorn aus. Am Ende hat nicht ein Mensch das Zepter in der Hand, sondern Gott allein. Er realisiert seinen Plan.

> Der „Tag des Herrn" ist noch nicht angebrochen. Noch ist der „Tag der Gnade". Als die Bewohner Ninives die Gerichtsbotschaft Jonas hörten, stellten sie die Frage: „Wer weiß? Gott könnte sich wenden und es sich gereuen lassen und umkehren von der Glut seines Zorns, dass wir nicht umkommen" (Jona 3,9). Sie haben tatsächlich erlebt, dass Gott langsam zum Zorn und groß an Gnade ist. Für sie war Umkehr noch möglich. Das gilt bis heute. Doch der Zeitpunkt wird kommen, an dem es keine Chance zur Kehrtwende mehr gibt, sondern nur noch ein „gewisses furchtvolles Erwarten des Gerichts und der Eifer eines Feuers, das die Widersacher verzehren wird" (Heb 10,27). Es möge sich niemand täuschen. Am Ende wird es furchtbar sein, in die Hände eines lebendigen Gottes zu fallen (Heb 10,31).

Kapitel 3, Verse 9–13: Gottes Absicht für die Völker und für Israel

Der notwendigen Gerichtsbotschaft folgt nun die Gnadenbotschaft. Statt von Fluch, Gericht und Geschrei wird von Segen, Frieden und Jubelfreude gesprochen. Das bedeutet aber nicht, dass das Gericht nicht vorher kommt. Doch ebenso sicher ist, dass Gott einmal alle Zusagen erfüllen wird, die Er seinem Volk Israel gegeben hat. Der Bund mit Abraham wird sich erfüllen. Das Volk wird gesegnet werden und zu einem Segen für die Nationen sein. Der Bund mit David wird sich erfüllen. Ein Sohn Davids wird als König in Israel regieren. Der neue Bund mit allen seinen materiellen und geistlichen Segnungen wird erfüllt werden. Gott ist treu und steht zu seinem Wort. Die Zusagen gelten dabei nicht nur Israel, sondern umfassen ebenfalls die Nationen.[36] Heute ist es nicht so, dass „alle Geschlechter

> *Die einleitenden Worte „denn dann" markieren den Wendepunkt des ganzen Buches und leiten zu einem zweiten Hauptanliegen des Propheten über. Zephanja endet nicht mit Gericht, sondern mit Gnade. Gott ist „langsam zum Zorn und groß an Güte, der Ungerechtigkeit und Übertretung vergibt – aber keineswegs hält er für schuldlos den Schuldigen"*
> *(4. Mo 14,18).*

---

36 Die Trennung in „Israel" einerseits und die „Nationen" andererseits ist typisch für das Alte Testament (konkret seit der Zeit der Berufung

der Erde" gesegnet werden, sondern Gott sammelt sich aus den Nationen „ein Volk für seinen Namen" (Apg 15,14). Erst in der Zeit des kommenden Reiches wird das anders sein.

📖 *Vers 9: „Denn dann werde ich die Lippen der Völker in reine Lippen verwandeln, damit sie alle den Namen des HERRN anrufen und ihm einmütig dienen."*

Erneut ist der HERR der Handelnde. Was für das Gericht zutrifft, trifft für die Gnade zu. Durch Gericht haben die Nationen Gerechtigkeit gelernt (Jes 26,9b). Gott selbst verwandelt nun die Lippen der Völker in reine Lippen. Das bedeutet nicht, dass die Welt eine einheitliche Sprache spricht. Einige Ausleger denken, dass die Sprachverwirrung hier ein Ende findet. Auf den ersten Blick könnte man das annehmen. Dennoch scheint es nicht der Gedanke zu sein. Es geht nicht um die „Zunge" (die Sprache), sondern tatsächlich um die Lippen, mit denen geredet wird. Gemeint ist deshalb, dass eine entweihte Sprache erneuert wird. Mit Worten drücken wir das aus, was wir im Herzen haben und worüber wir nachdenken.

Der Vers zeigt den großen Wechsel an, der stattfinden wird. Gott bringt etwas völlig Neues hervor. Die Nationen werden

---

Abrahams). In der gegenwärtigen Haushaltung (Dispensation, Zeit) der Gnade (oder der Gemeinde) gibt es diese Unterscheidung nicht. Die von Gott gegebene Zwischenwand ist abgebrochen (Eph 2,14). „In Christus" gibt es keinen Unterschied. Heute begegnen sich Gläubige aus den Juden und aus den Nationen auf Augenhöhe. Es gibt keinerlei Vorrang des einen vor dem anderen.

Kapitel 3, Verse 9–13: *Gottes Absicht für die Völker und für Israel*

nicht mehr schmähen und lästern und sich selbst loben (vgl. Zeph 2,8.10.15). Sie werden auch nicht mehr ihre Götzen loben und anrufen (Hos 2,19; Ps 16,4), sondern sie werden den Namen des HERRN anrufen, d. h. sich an Gott wenden und zu Ihm beten und Ihn preisen. Das bedingt, dass jeder Götzendienst zu Ende gekommen ist. Ein solcher Wechsel setzt eine Veränderung der Herzen voraus, denn aus der Fülle des Herzens redet der Mund (Mt 12,34). Nur ein reines Herz zeigt sich in reinen Lippen. Eine solche Veränderung kann nur Gott bewirken.

> Jakobus lehrt uns, dass die Zunge des Menschen ein unstetes Übel ist, „voll von tödlichem Gift". Sie ist „die Welt der Ungerechtigkeit" (Jak 3,6.8). Gott hingegen möchte, dass wir Ihn mit der Zunge loben und preisen. Das ist nur möglich, wenn Gott das Herz verändert. Das Lob soll von Herzen kommen. Es macht keinen Sinn, Gott *nur* mit dem Mund zu preisen. Der Herr Jesus wirft den Juden vor: „Dieses Volk ehrt mich mit den Lippen, aber ihr Herz ist weit entfernt von mir" (Mt 15,8). Ein solches Lob ist sinnlos. Herz und Mund gehören zusammen. Wir sollten allerdings dabei nicht die gesprochenen Worte (den Mund) geringachten. Gott möchte, dass das Lob, das im Herzen ist, tatsächlich ausgesprochen wird. Deshalb ist der Lobgesang ein wichtiges Element des Gottesdienstes. „Herr, tu meine Lippen auf, und mein Mund wird dein Lob verkünden" (Ps 51,17). Auch im Himmel wird gesungen werden.

Die Nationen werden nicht nur den Namen des HERRN anrufen, sondern Ihm einmütig dienen. Dabei geht es nicht nur um den „Gottesdienst" im Sinn von Lob und Anbetung, sondern auch um den Dienst der Hände (das Wort im Grundtext wird z. B. für das Arbeiten eines Knechtes oder Sklaven gebraucht).

Die Hände sind nicht mehr dieselben. Jetzt dienen sie Gott. Dazu gehört, dass sie die Zerstreuten Israels in ihr Land zurückbringen, Gott zur Freude und Ehre. Die Nationen waren in der Vergangenheit weder einmütig, noch haben sie Gott gedient. Im kommenden Reich wird beides der Fall sein. „Einmütig" bedeutet wörtlich „Schulter an Schulter". Es handelt sich um eine Metapher, die davon abgeleitet wird, dass zwei Personen etwas gemeinsam mit einem Joch auf den Schultern tragen.

Einmütigkeit zeigt sich im Lobgesang ebenso wie im Dienst für Gott. Psalm 133,1 erinnert uns daran, wie wichtig es ist, einträchtig beieinander zu wohnen. Das Neue Testament zeigt uns, welchen Wert Gott darauf legt, dass die Gläubigen „Schulter an Schulter" in seinem Dienst stehen. Der Philipperbrief betont besonders, wie wichtig das ist. Die Gläubigen dort sollten die Freude des Paulus erfüllen, indem sie einmütig waren. Sie sollten nichts aus Motiven wie Streitsucht oder eitlem Ruhm tun (Phil 2,2.3). Evodia

Der Dienst der Lippen (Dank, Lob, Anbetung) ist untrennbar mit dem Dienst der Hände verbunden. In Hebräer 13,15 werden wir aufgefordert, Gott stets ein „Opfer des Lobes" darzubringen. Es wird als die „Frucht der Lippen" bezeichnet, die seinen Namen bekennen. Unmittelbar danach lesen wir von Opfern, an denen Gott ebenfalls Wohlgefallen hat. Da geht es um das „Wohltun und Mitteilen", d. h. um die Frucht der Hände. Das eine kann nicht vom anderen getrennt werden. Ist uns das immer klar?

Kapitel 3, Verse 9–13: Gottes Absicht für die Völker und für Israel

> und Syntyche werden ausdrücklich ermahnt, gleich gesinnt zu sein im Herrn (Phil 4,2). In Römer 15,5.6 fordert Paulus uns auf: „Der Gott des Ausharrens und der Ermunterung aber gebe euch, gleich gesinnt zu sein untereinander, Christus Jesus gemäß, damit ihr einmütig mit einem Mund den Gott und Vater unseres Herrn Jesus Christus verherrlicht" (Röm 15,5.6).

Dieser Vers hat ohne Frage in unserer Zeit eine gewisse Vorerfüllung gefunden. Es ist jedoch falsch, zu sagen, dass er in der weltweiten Ausbreitung des Christentums bereits ganz erfüllt ist. Wer das behauptet, verkennt die Tragweite der biblischen Prophetie. Es geht in unserer Zeit nicht darum, dass ganze *Völker* verändert werden, sondern es geht um einzelne Menschen *aus* den Völkern.

📖 *Vers 10: „Von jenseits der Ströme Äthiopiens werden sie mir meine Flehenden, meine zerstreute Schar, als Opfergabe darbringen."*

Die Rede ist von den Nationen, die Gott dienen (Vers 9). Über das Land jenseits der Ströme Äthiopiens (gemeint ist das Land Kusch mit dem blauen, dem weißen und dem schwarzen Nil) wurde in Kapitel 2,12 das Gericht ausgesprochen. Jesaja beschreibt diesen Augenblick ähnlich: „Und sie werden alle eure Brüder aus allen Nationen dem Herrn als Opfergabe bringen, auf Pferden und auf Wagen und auf Sänften und auf Maultieren und auf Dromedaren, zu meinem heiligen Berg, nach Jerusalem, spricht der Herr, so wie die Kinder Israel das Speisopfer in einem reinen Gefäß zum Haus des Herrn bringen" (Jes 66,20).

Die Rollen sind sozusagen vertauscht. Das Volk, das vorher zerstreut wurde, wird nun gesammelt werden. Diejenigen, die Gottes Volk gehasst und zerstreut haben, werden nun die Zerstreuten des Volkes als Opfergabe dem Herrn bringen. Dabei versteht sich von selbst, dass Gott hinter der Szene steht, denn letztlich bringt Er sein Volk in sein Land zurück (Jes 11,11.12; Mt 24,31). Die Opfergabe spricht hier nicht von Gericht. Es geht um ein unblutiges Opfer, d. h. ein Speisopfer (oder ein Geschenk).[37] Das Speisopfer spricht an den meisten Stellen von dem vollkommenen Leben des Menschen Jesus Christus (Feinmehl mit Öl gemengt zeigt die Reinheit seines Lebens unter der völligen Kontrolle des Heiligen Geistes). Wenn der Überrest als ein solches Opfer bezeichnet wird, macht das völlig klar, dass eine Wiedergeburt stattgefunden hat. Die Wesensmerkmale des Herrn Jesus werden in ihnen gesehen werden. Gott selbst wird sich darüber freuen.

Sie werden „meine Flehenden" genannt, d. h., die Rückführung wird unter anderem ein Ergebnis ihres Gebetes sein, das vor Gott wohlgefällig ist.[38]

---

[37] In Kapitel 1,7.8 ist von einem „Schlachtopfer" (einem blutigen Opfer) die Rede. Dort geht es um Gericht. Hier geht es um eine Gabe (ein Geschenk) an Gott.

[38] Das Wort „Flehende" kann auch mit „Anbeter" übersetzt werden. Es kommt noch einmal in Hesekiel 8,11 vor und wird dort mit „Duft" wiedergegeben.

Kapitel 3, Verse 9–13: *Gottes Absicht für die Völker und für Israel*

Die Veränderung, die sich im Innern der Nationen vollzogen hat, wird äußerlich sichtbar werden. Äthiopien ist ein Synonym für Länder, die sehr weit weg sind. In Äthiopien war die damalige Welt aus der Perspektive eines Juden zu Ende. Aus allen Teilen der Erde werden die Kinder Israel kommen, um als ein Volk im Land zu leben, das Gott ihren Vätern versprochen hat. In der Zeit des Endes wird es in allen Teilen der Welt Israeliten geben, die gesammelt werden und nach Palästina zurückkehren. Es lohnt sich, in diesem Zusammenhang Jesaja 18 zu lesen. Das Kapitel beginnt mit dem Land „jenseits der Ströme von Äthiopien" (Vers 1) und es endet damit, dass in jener Zeit „dem HERRN der Heerscharen ein Geschenk dargebracht werden wird" (Vers 7). Das zeigt deutlich, dass diese Weissagung über das Gericht der Babylonier durch Nebukadnezar hinausgeht und auf ein noch zukünftiges Ereignis hinweist.

Vers 11: „An jenem Tag wirst du dich nicht mehr aller deiner Handlungen schämen müssen, womit du gegen mich übertreten hast; denn dann werde ich deine stolz Frohlockenden aus deiner Mitte wegnehmen, und du wirst dich fortan nicht mehr überheben auf meinem heiligen Berg."

Gott wendet sich jetzt Israel zu. Trotz des notwendigen Gerichts verlässt Er sein Volk nicht für immer, sondern erfüllt seine Zusagen. Gott musste ihre Sünde bestrafen und doch ist Er gnädig und barmherzig. Das sehen wir jetzt ab Vers 11.

Zephanja – Gericht und Gnade

„Jener Tag" ist nicht mehr der Tag des Gerichts (Vers 8), sondern die Zeit des sich anschließenden 1000-jährigen Reiches, das ebenfalls zu dem „Tag des Herrn" gehört. Konkret geht es hier um den Beginn dieses Reiches. Dann wird die Zeit gekommen sein, in der die Rechte des Herrn auf der Erde nicht länger mit Füßen getreten, sondern anerkannt werden.

Diesem Tag geht das Bekenntnis des Überrestes voraus, von dem Sacharja schreibt: „Und ich werde über das Haus David und über die Bewohner von Jerusalem den Geist der Gnade und des Flehens ausgießen; und sie werden auf mich blicken, den sie durchbohrt haben, und werden über ihn wehklagen gleich der Wehklage über den einzigen Sohn und bitterlich über ihn Leid tragen, wie man bitterlich über den Erstgeborenen Leid trägt" (Sach 12,10). Davon spricht Zephanja allerdings nicht, sondern er zeigt die Ergebnisse.

Dieser Vers beschreibt nicht positiv die herrlichen Segnungen des Landes, sondern zeigt, was dann nicht mehr sein wird. Gott gibt seinem Volk ein neues Herz (Hes 36,26.27). Es wird wiederhergestellt sein und eine nationale Wiedergeburt erleben. Der Herr hat sein Volk durch das Gericht geläutert und das weggenommen, was nicht zu Ihm passt. Hochmut, Stolz und Überheblichkeit gehören der Vergangenheit an:

a) Sie werden sich ihrer Handlungen (gemeint sind die schrecklichen Taten) nicht mehr schämen:[39] Es ist kein Grund mehr vorhanden, sich für böse Taten schämen zu müssen. Genau das war vorher der Fall. Gerade dar-

---

[39] Das Wort „schämen" bedeutet eigentlich, dass jemand durch seine bösen Handlungen und seine Haltung in Ungnade fällt.

in bestand ihre Übertretung gegen Gott. In Jesaja 1,29 heißt es: „Denn sie werden beschämt werden wegen der Terebinthen, die ihr begehrt. Und ihr werdet mit Scham bedeckt werden wegen der Gärten, an denen ihr Gefallen hattet." In Jesaja 30,3 wird ein weiterer Punkt genannt: „Und der Schutz des Pharaos wird euch zur Schmach werden, und die Zuflucht unter dem Schatten Ägyptens zur Schande." Die schamhafteste Tat dieses Volkes bestand allerdings darin, dass sie ihren eigenen Messias abgelehnt und gekreuzigt haben. Diese Scham wird weggenommen sein. „Fürchte dich nicht, denn du wirst nicht beschämt werden, und schäme dich nicht, denn du wirst nicht zuschanden werden; sondern du wirst die Schmach deiner Jugend vergessen und dich an die Schande deiner Witwenschaft nicht mehr erinnern" (Jes 54,4).

b) Die stolz Frohlockenden werden weggenommen sein: Israel hatte nicht bedacht, dass sie das „geringste unter allen Völkern waren" und Gott sie wegen seiner Liebe erwählt hatte (5. Mo 7,7.8). Sie waren ein stolzes Volk gewesen und hatten sich darüber noch gefreut. Der Gipfelpunkt des Stolzes und des Hochmutes wird sich in dem Antichrist manifestieren.

c) Niemand wird sich mehr erheben auf Gottes heiligem Berg: Gottes heiliger Berg ist Zion (Ps 2,6; 3.5; 15,1; 24,3; 78,54; Dan 9,16.20; Joel 2,1; 4,17; Obad 1,16). Dort stand das Heiligtum. Diesem Heiligtum geziemte Heiligkeit (Ps 93,5). Gerade dort musste alles in Übereinstimmung mit Ihm sein. Und gerade dort hatten sich die Juden erhoben und den heiligen Berg entweiht. Doch das würde nun nicht mehr der Fall sein. Dann erfüllt sich die Weissagung durch Jeremia. „So spricht der HERR der Heerscharen, der Gott Israels: Dieses Wort wird man noch sprechen im Land Juda und in seinen Städten, wenn ich ihre Gefangenschaft wenden werde: Der HERR segne dich, du Wohnung der Gerechtigkeit, du heiliger Berg!" (Jer 31,23). Jesaja schreibt über diese Zeit: „Man wird weder Böses tun noch Verderben anrichten auf meinem ganzen heiligen Berg; denn die Erde wird voll Erkenntnis des HERRN sein, wie die Wasser den Meeresgrund bedecken" (Jes 11,9).

Schamhaftes Verhalten, Hochmut, Stolz und Überheblichkeit passen nicht in die Gegenwart Gottes. Gottes Haus heute (die Gemeinde) ist heilig und immer noch gilt, dass dort alles der Heiligkeit Gottes entsprechen muss. Gott offenbart sich in der Gemeinde und deshalb muss alles seiner Herrlichkeit und Heiligkeit entsprechen. In denen, die Gott nahen, will Er geheiligt und verherrlicht werden (3. Mo 10,3). Vergessen wir nicht, dass Gott immer noch dem Hochmütigen widersteht und dem Demütigen Gnade gibt (Jak 4,6). Diese Demut wird den Überrest einmal charakterisieren (Vers 12). Sie sollte uns heute schon kennzeichnen. Der Geist von Laodizea ist Stolz und Hochmut. Der Geist von Philadelphia ist Demut.

Kapitel 3, Verse 9–13: Gottes Absicht für die Völker und für Israel

📖 *Vers 12: „Und ich werde in deiner Mitte ein elendes und geringes Volk übrig lassen, und sie werden zum Namen des Herrn Zuflucht nehmen."*

Die Erweckung umfasst keineswegs das ganze Volk, sondern nur einen kleinen Teil – im nächsten Vers und an vielen anderen Stellen ein „Überrest" genannt. Die Existenz eines Überrestes zeigt zum einen, dass die große Masse abgefallen ist. Zum anderen zeigt sie, dass es paar wenige gibt, die in Hinwendung zu Gott leben möchten.

Dieser Überrest wird von dem Herrn selbst übrig gelassen. Es ist kein eigener Verdienst, dass es ihn gibt, sondern ein Beweis dafür, dass Gott souverän, gnädig und barmherzig ist. Er wird in diesem Vers durch drei Dinge gekennzeichnet:

a) Er ist elend, d. h. niedergebeugt, unvermögend und auf Hilfe angewiesen. Es ist das Gegenteil von jemandem, der auf eigene Kraft vertraut. Solchen gilt die besondere Zusage, dass der Herr auf sie blicken wird (Jes 66,2).

b) Er ist gering, d. h. er hat keinen großen Wert. Geringe Menschen verfügen nicht über eigene Ressourcen.

c) Er wird zu dem Namen des Herrn Zuflucht nehmen, d. h., er wird sich nicht auf seine eigene Stärke verlassen, sondern jede Hilfe in dem suchen, was in dem Herrn zu fin-

> *Für Gottes Volk gilt zu allen Zeiten: „Ich wohne in der Höhe und im Heiligtum und bei dem, der zerschlagenen und gebeugten Geistes ist, um zu beleben den Geist der Gebeugten und zu beleben das Herz der Zerschlagenen" (Jes 57,15).*

den ist (der Name steht für das, was eine Person ist). Er ist die einzige Hilfe (vgl. Ps 2,12; 5,12; 7,2).

> Wir leben in einer Zeit, in der die größte Zahl derer, die sich Christen nennen, keine wirkliche Beziehung mehr zu Gott hat. Es sind nur wenige, auf die das nicht zutrifft. Gehören wir dazu? Weisen wir die genannten Kennzeichen auf? Wenn das in unserer Mitte nicht gefunden wird, kann der Herr sich trotz frommer Worte nicht zu uns bekennen. Wir leben zwar in einer Zeit „kleiner Dinge" (Sach 4,10). Doch das darf keine Entschuldigung sein. Haben wir dennoch eine „kleine Kraft" und ist es unser Wunsch, das Wort Gottes zu bewahren und den Namen des Herrn nicht zu verleugnen (Off 3,8)? Wenn wir meinen, wir hätten mehr Verständnis über die Gedanken Gottes gegenüber anderen Gläubigen und dadurch eine bestimmte Stellung, auf die wir vielleicht sogar stolz sind, dann ist Gefahr in Verzug.

📖 *Vers 13: „Der Überrest Israels wird kein Unrecht tun und keine Lüge reden, und in ihrem Mund wird keine Zunge des Truges gefunden werden; denn sie werden weiden und lagern, und niemand wird sie aufschrecken."*

Noch einmal wird sehr deutlich, dass Zephanja unmöglich den Überrest der Juden meinen kann, die aus der babylonischen Gefangenschaft gekommen waren. Von den Rückkehrern aus

Kapitel 3, Verse 9–13: Gottes Absicht für die Völker und für Israel

Babel kann sicher nicht gesagt werden, dass niemand sie aufschreckte. Diese Weissagung ist bisher nicht erfüllt. Sie wird sich aber im kommenden Reich erfüllen.

Die Wenigen, die zu dem Herrn Zuflucht nehmen, werden jetzt tatsächlich als „Überrest" bezeichnet. Die große Masse des Volkes wird dem Antichrist folgen und durch die Gerichte des „Tages des Herrn" umkommen. Es werden weitere Kennzeichen dieses Überrestes genannt. Sie beweisen die Umkehr derer, die dazu gehören und die Gott in Römer 11,26 „ganz Israel" nennt. Gott erkennt diesen Überrest als sein Volk Israel an. Er selbst hat ihr Herz verändert und nun legen sie ein völlig anderes Verhalten an den Tag als vorher. In Matthäus 19,28 wird das die (nationale) „Wiedergeburt" genannt.

a) Kein Unrecht (Böses, Ungerechtigkeit) tun: Es beginnt mit den Handlungen (Taten). Während Gottes Volk sich früher immer wieder gegen Gott versündigt hatte, sieht Er nun kein Unrecht mehr in Israel. Es ist Gottes Sichtweise auf sein Volk und eine Folge des Werkes vom Kreuz.

b) Keine Lüge reden: Durch Jeremia wirft Gott seinem Volk einmal vor, dass es in seinem Namen Lügenworte geredet hat (Jer 29,23). Er nennt es eine Schandtat. Auch das wird Vergangenheit sein.

c) Keine Zunge des Truges mehr im Mund: Zu Lügen bedeutet, die Unwahrheit zu sagen. Worte des Truges gehen noch weiter. Wer trügerische Worte redet, benutzt einen Teil der Wahrheit, um andere in die Irre zu leiten. Gott wirft seinem Volk einmal vor: „Deinen Mund ließest du los zum Bösen, und Trug flocht deine Zunge" (Ps 50,19). Davon wird im kommenden Reich nichts mehr zu erkennen sein.

d) Sie werden weiden und lagern: Sie kommen zur Ruhe, damit Gott sie nähren kann. Davon lesen wir im Propheten Hesekiel: „Auf guter Weide werde ich sie weiden, und auf den hohen Bergen Israels wird ihr Weideplatz sein; dort, auf den Bergen Israels, werden sie auf gutem Weideplatz lagern und fette Weide beweiden. Ich will meine Schafe weiden, und ich will sie lagern, spricht der Herr, HERR" (Hes 34,14.15).

e) Niemand wird sie aufschrecken: Das zeigt, wie sicher sie sein werden. Kein Feind wird sie mehr in Angst und Schrecken versetzen, wie es im Lauf der Geschichte so oft gewesen ist. Jerusalem wird das sein, was der Name sagt – eine Gründung des Friedens. Diese Sicherheit beschreibt der Prophet Micha mit den Worten: „Und sie werden sitzen, jeder unter seinem Weinstock und unter seinem Feigenbaum, und niemand wird sie aufschrecken" (Mich 4,4).

In den ersten Versen von Offenbarung 14 finden wir ebenfalls eine Beschreibung dieses Überrestes, dort in den 144 000 Menschen, die mit dem Lamm auf dem Berg Zion stehen. Da heißt es u. a.: „Dies sind die, die sich mit Frauen nicht befleckt haben, denn sie sind Jungfrauen; dies sind die, die dem Lamm folgen, wohin irgend es geht. Diese sind aus den Menschen erkauft worden als Erstlinge für Gott und das Lamm. Und in ihrem Mund wurde keine Lüge gefunden; denn sie sind untadelig" (Off 14,4.5).

Kapitel 3, Verse 9–13: Gottes Absicht für die Völker und für Israel

Was für Israel im kommenden Reich wahr werden wird, sollte uns heute schon charakterisieren. Die genannten Kennzeichen möchte Gott in denen sehen, die durch das Blut seines Sohnes erkauft sind. Paulus schreibt z. B.: „Deshalb, da ihr die Lüge abgelegt habt, redet Wahrheit, jeder mit seinem Nächsten, denn wir sind Glieder voneinander" (Eph 4,25). Wir haben den „neuen Menschen angezogen, der nach Gott geschaffen ist in wahrhaftiger Gerechtigkeit und Heiligkeit" (Eph 4,24). Nun gilt es, die Wesensmerkmale dieses neuen Menschen tatsächlich im Leben zu zeigen.

H. A. Ironside schreibt sehr treffend: „In der heutigen Zeit gehört es zu Gottes Wegen, dass Er sich ein verfolgtes und armes Volk erhält, das auf seinen Namen vertraut. Solche sind gekennzeichnet durch Liebe und Hingabe an Christus, durch Bruderliebe, durch ein rechtschaffenes Herz, durch ein Bestreben, ein gutes Gewissen gegenüber Gott und Menschen zu haben und sich nichts zuschulden kommen zu lassen, an seinem treuen Wort festzuhalten, durch ein gutes Zeugnis gegenüber der Welt und den Kirchen, die den unsichtbaren Gott ablehnen, durch Absonderung vom Bösen und gefolgt von einem Streben ‚nach Gerechtigkeit, Glauben, Liebe, Frieden mit denen, die den Herrn anrufen aus reinem Herzen' (2.Tim 2,22) … Das ist die Gesinnung von Philadelphia. Diese allein bildet den wahren Überrest. Solch ein Weg kann nur in der Kraft des Glaubens aufrechterhalten werden."[40]

---

40 H. A. Ironside: *Notes on the Prophecy of Zephaniah*

Zephanja – Gericht und Gnade

Kapitel 3, Verse 14–20: Ein rettender Held – Jubel in Jerusalem

Zephanja schließt sein Buch mit einem herrlichen Ausblick auf das kommende Reich, in dem der HERR in der Mitte seines Volkes und der Messias als König wohnen wird. Es wird große Jubelfreude herrschen. Endlich erscheinen die Blumen im Land und die „Zeit des Gesanges" ist gekommen (Hld 2,12). Ein selten schönes Lied der Liebe wird angestimmt. Dabei geht es nicht nur um die Herzensfreude des Volkes Israel, sondern ebenso um die Freude Gottes.

Das Gericht ist endgültig vorbei. Alle Feinde sind vernichtet. Es gibt keinen Grund mehr, Angst zu haben und den Mut sinken zu lassen. Der HERR ist der rettende Held, der Freude an seinem Volk hat. Die Israeliten, die fern ihrer Heimat getrauert haben, werden gesammelt werden. Gott selbst wird sie unter den Nationen zum Lob und zum Namen machen, d. h., das ganze Volk wird zum Lobpreis für alle Völker sein. Israel wird endlich die Stellung einnehmen, die Gott ursprünglich für sein Volk vorgesehen und die Er Abraham und David versprochen hatte.

- Seine Zusage an Abraham in 1. Mose 22,17.18: „... ich dich reichlich segnen und deine Nachkommen sehr mehren werde, wie die Sterne des Himmels und wie der Sand, der am Ufer des Meeres ist; und deine Nachkommen werden das Tor ihrer Feinde besitzen; und in deinem Nachkommen werden sich segnen alle Nationen der Erde: weil du meiner Stimme gehorcht hast."

- Seine Zusage an David in 2. Samuel 7,16: „Und dein Haus und dein Königtum sollen vor dir beständig sein in Ewigkeit, dein Thron soll fest sein in Ewigkeit."

> Für die wenigen Treuen in den Tagen Josias muss die Botschaft eine enorme Motivation gewesen sein. Für uns liegt darin der tröstende Gedanke, dass Gott am Ende zu seinem Ziel kommt. Der Tag kommt, an dem die ganze Schöpfung erlöst werden wird von der „Knechtschaft des Verderbens" (Röm 8,20.21) und unser Herr auf der Erde, auf der einst sein Kreuz stand, gelobt und gepriesen wird.

Man hat diese Verse zu Recht mit dem Lobpreis in Psalm 98 und Jesaja 12 verbunden. Es lohnt sich, beide Texte in Ruhe zu lesen.

- Psalm 98: „Singt dem HERRN ein neues Lied, denn er hat Wunder getan! Rettung hat ihm verschafft seine Rechte und sein heiliger Arm. Der HERR hat seine Rettung kundgetan, vor den Augen der Nationen seine Gerechtigkeit

Kapitel 3, Verse 14–20: Ein rettender Held – Jubel in Jerusalem

offenbart. Er hat seiner Güte und seiner Treue dem Haus Israel gedacht; alle Enden der Erde haben die Rettung unseres Gottes gesehen. Jauchzt dem Herrn, ganze Erde! Brecht in Jubel aus und singt Psalmen! Singt dem Herrn Psalmen mit der Laute, mit der Laute und der Stimme des Gesangs! Mit Trompeten und dem Schall der Posaune jauchzt vor dem König, dem Herrn! Es brause das Meer und seine Fülle, der Erdkreis und die darauf wohnen! Mögen die Ströme in die Hände klatschen, mögen jubeln die Berge allesamt vor dem Herrn, denn er kommt, die Erde zu richten: Er wird den Erdkreis richten in Gerechtigkeit und die Völker in Geradheit."

- Jesaja 12: „Und an jenem Tag wirst du sagen: Ich preise dich, Herr, denn du warst gegen mich erzürnt; dein Zorn hat sich gewendet, und du hast mich getröstet. Siehe, Gott ist meine Rettung, ich vertraue und fürchte mich nicht; denn Jah, der Herr, ist meine Stärke und mein Gesang, und er ist mir zur Rettung geworden. Und mit Wonne werdet ihr Wasser schöpfen aus den Quellen der Rettung, und ihr werdet sprechen an jenem Tag: Preist den Herrn, ruft seinen Namen aus, macht unter den Völkern kund seine Taten, verkündet, dass sein Name hoch erhaben ist! Besingt den Herrn, denn Herrliches hat er getan; dies werde kund auf der ganzen Erde! Jauchze und juble, Bewohnerin von Zion! Denn groß ist in deiner Mitte der Heilige Israels."

📖 *Vers 14: „Juble, Tochter Zion; jauchze, Israel! Freue dich und frohlocke von ganzem Herzen, Tochter Jerusalem!"*

Dieser Vers ist ein echter Vers der Freude. Es ist die Rede von *Jubel*, von *Jauchzen*, von *Freude* und von *Frohlocken*. Alle vier Ausdrücke zeigen, dass einer großen inneren Freude nach außen hin Ausdruck gegeben wird. Noch intensiver könnte die Beschreibung kaum sein. Israel wird an diesem Tag nur fröhlich sein und sich freuen. Kummer und Not werden weit weg sein. Lobgesang bestimmt die Szene. Der Grund der Jubelfreude sind nicht die Israeliten selbst oder das, was sie erreicht haben. Es ist Freude daran, was Gott für sie ist und für sie getan hat.

Die Hauptstadt Israels wird hier nicht nur „Tochter Jerusalem", sondern auch „Tochter Zion" genannt. Der zweifache Ausdruck „Tochter" zeigt die besondere Nähe und Zuneigung Gottes zu dieser Stadt und zu seinem Volk. Jerusalem ist die „Gründung des Friedens". Zion ist die Stadt Davids (2. Sam 5,7; 1. Kön 8,1), d. h. der Regierungssitz des Königs.

Der Prophet Jeremia erwähnt die „Tochter Zion" öfter als jeder andere Schreiber des Alten Testaments. Besonders in den Klageliedern spricht er über die *Schande* der Tochter Zions und über das gerechte Gericht Gottes, das sie treffen muss (Klgl 1,6; 2,1.4.8.10.13.18). Doch er schreibt auch über das herrliche Ende: „Zu Ende ist deine Ungerechtigkeit, Tochter Zion! Er wird dich nicht mehr wegführen" (Klgl 4,22). Das ist es, worüber Zephanja spricht. Es ist nicht nur Freude da, sondern die Freude kommt von Herzen und diese Freude wird jubelnd gezeigt.

Kapitel 3, Verse 14–20: Ein rettender Held – Jubel in Jerusalem

Bemerkenswert sind in diesem Zusammenhang die beiden letzten Stellen, in denen die „Tochter Zion" im Alten Testament vorkommt. In Sacharja 2,14 heißt es: „Juble und freue dich, Tochter Zion! Denn siehe, ich komme und werde in deiner Mitte wohnen, spricht der Herr." In Sacharja 9,9 lesen wir: „Frohlocke laut, Tochter Zion; jauchze, Tochter Jerusalem! Siehe, dein König wird zu dir kommen: Gerecht und ein Retter ist er, demütig und auf einem Esel reitend, und zwar auf einem Fohlen, einem Jungen der Eselin." Diese Voraussage hat sich vorerfüllt, als Jesus Christus am Ende seines Dienstes auf der Erde in Jerusalem einzog (vgl. Mt 21,5; Joh 12,15). Es konnte allerdings nur eine Vorerfüllung sein, weil sein Volk Ihn damals ablehnte und kreuzigte. Die endgültige Erfüllung erfolgt im kommenden Reich, wenn der König angenommen werden wird. Es wird ein Aufatmen geben, wenn endlich die Bedrückung weggenommen, die Gemeinschaft mit Gott genossen und Freude das Land füllen wird.

Kennen wir etwas von dieser Jubelfreude in unserem Leben – eine Freude, die aus dem Herzen kommt und sich nach außen Bahn bricht? Noch sind wir nicht aus allen Schwierigkeiten herausgenommen, doch das Glück der Gemeinschaft mit unserem Herrn kann uns niemand nehmen. Petrus spricht in seinem ersten Brief dreimal vom „Frohlocken". Es ist ein gegenwärtiges Frohlocken – trotz schwieriger Umstände (1. Pet 1,6). Es ist ein Frohlocken, das seine Ursache in der Beziehung zu Christus hat (1. Pet 1,8). Es ist auch ein zukünftiges Frohlocken „in der Offenbarung seiner Herrlichkeit" (1. Pet 4,13). Woran liegt es, dass von dieser Jubelfreude oft so wenig zu sehen ist? Liegt es an einer falschen Gesinnung, an man-

> gelndem Gottvertrauen oder daran, dass wir nicht die richtige Blickrichtung haben? Wir sollten diesen Fragen nachgehen.

📖 Vers 15: *„Der H*ERR *hat deine Gerichte weggenommen, deinen Feind weggefegt; der König Israels, der H*ERR*, ist in deiner Mitte, du wirst kein Unglück mehr sehen."*

Dieser Vers zeigt, warum Jerusalem allen Grund hat, sich so zu freuen. Im Mittelpunkt der Beweisführung steht Christus selbst. Er ist der Grund der Freude: „So werde ich kommen zum Altar Gottes, zu dem Gott, der meine Jubelfreude ist, und werde dich preisen mit der Laute, Gott, mein Gott!" (Ps 43,4).

- Der erste Grund zur Freude ist, dass der Herr die Gerichte weggenommen hat. Es waren „deine Gerichte", d. h. die Gerichte, die Jerusalem zu Recht getroffen haben. Gott hat diese Gerichte herbeigeführt und dabei die Nationen als Werkzeuge benutzt. Die Zucht Gottes hat am Ende ihr Ziel erreicht.

- Der zweite Grund ist, dass der Herr den Feind weggefegt hat. Er ist der Handelnde. Der schwache Überrest wäre niemals in der Lage gewesen, die Feinde zu besiegen und sie auszuschalten. Diese Feinde sind die Nationen, die Israel übel behandelt haben.

Kapitel 3, Verse 14–20: Ein rettender Held – Jubel in Jerusalem

⊃ Der dritte Grund ist, dass der König Israels in der Mitte des Volkes wohnt. Es ist der HERR, der Ewige, der als König in Jerusalem regieren wird. Das erlöste Volk Israel hatte am anderen Ufer des Roten Meeres gesungen: „Der HERR wird König sein immer und ewig" (2. Mo 15,18; vgl. Ps 103,19). Er ist „in ihrer Mitte". Das ist ein zentraler Punkt biblischer Prophetie. Christus wird einmal die Regierung antreten. Er ist der „König der Könige" (Off 17,14; 19,16). Als Er Mensch wurde, bezeugte der Engel Gabriel: „Dieser wird groß sein und Sohn des Höchsten genannt werden; und Gott der Herr wird ihm den Thron seines Vaters David geben" (Lk 1,32).[41] Doch als Er in Jerusalem einzog, wurde Er ausgestoßen. Die Überschrift über seinem Kreuz lautete: „Dieser ist Jesus, der König der Juden" (Mt 27,37). Man wollte seine Herrschaft nicht (Lk 19,14). Man gab Ihm einen anderen Platz „in der Mitte", nämlich zwischen zwei Verbrechern. Doch jetzt wird Er als Mittelpunkt willkommen sein. Jerusalem wird dann die „Stadt des großen Königs sein" (Ps 48,3; Mt 5,35). Gott selbst, der Herr und König Israels, wird in der Mitte des Volkes wohnen. Gott wird seinen Plan ganz sicher erfüllen.

---

41 Es wird manchmal behauptet, dass der einzige Grund der Inkarnation unseres Herrn das Werk am Kreuz gewesen sei und dass es überhaupt nicht seine Absicht gewesen sei, die Voraussagen des Alten Testamentes im Blick auf das Reich zu erfüllen. Das ist völlig falsch. Sowohl der Vorläufer als auch der Herr selbst haben die Buße gepredigt, damit das „Reich Gottes" kommen könnte (Mt 3,2; 4,23). Die Juden konnten das gar nicht anders verstehen, als dass Gott seine Zusagen aus dem Alten Testament erfüllen würde, wie sie z. B. in Daniel 2,44 und 7,14 gegeben worden waren. Gerade das Matthäusevangelium zeigt deutlich, wie der König Israels abgelehnt wurde. Erst nachdem Er endgültig abgelehnt worden war, spricht Er von seinem Kreuz (vgl. Mt 16,21).

Zephanja – Gericht und Gnade

⊃ Der vierte Grund ist, dass Israel kein Unglück mehr sehen wird. Das ist der Ausblick in die Zukunft. Israel wird im kommenden Reich völlig sicher sein. Es ist unmöglich, dass sich noch einmal Feinde gegen Israel wenden. Eine jahrtausende lange Geschichte von Krieg und Auseinandersetzungen um das Land Israel sind endgültig zu Ende gekommen. Keine andere Stadt hat im Lauf ihrer langen Geschichte solch ein Elend gesehen wie Jerusalem. Damit ist nun endgültig Schluss.

> Für uns ist ebenfalls Christus der Grund unserer Freude. Wir wissen, dass Er das Gericht getragen hat, das wir verdient hatten. Wir wissen, dass Er den Feind besiegt hat – und zwar durch den Tod. Wir wissen, dass Er seine Gegenwart zugesagt hat und der Mittelpunkt unseres Lebens sein möchte (für uns nicht als König, aber als unser Herr[42]). Und wir wissen auch, dass nichts und niemand uns aus seiner Hand rauben kann. Ist das nicht Grund genug, uns jeden Tag zu freuen?

---

42 Das Neue Testament sagt an keiner Stelle, dass der Herr Jesus unser „König" ist. Er ist weder der König der Gläubigen noch der König der Gemeinde. Der Ausdruck „König" ist besonders dem Volk Israel vorbehalten. Selbst seine Jünger, die mit Ihm gingen und das buchstäbliche Königreich erwarteten, haben Ihn nie als König angeredet oder zu Ihm als dem König gebetet. Unsere Beziehung ist nicht die eines Untertans zu seinem König, wohl aber die eines Knechtes (Dieners) zu seinem Herrn. Die Apostel haben in ihrem Zeugnis immer wieder von dem „Herrn Jesus Christus" gesprochen, aber nicht von dem „König".

Kapitel 3, Verse 14–20: Ein rettender Held – Jubel in Jerusalem

📖 *Vers 16: „An jenem Tag wird zu Jerusalem gesagt werden: Fürchte dich nicht! Zion, lass deine Hände nicht erschlaffen!"*

„An jenem Tag" ist die Zeit des kommenden Reiches. Für Jerusalem gibt es eine besondere Botschaft. Dabei bleibt offen, wer diese Worte spricht. Einige Ausleger denken an die bekehrten Heiden, was durchaus denkbar ist. Andere denken an die Propheten Gottes, was eher unwahrscheinlich ist. Es ist jedoch in Verbindung mit Vers 17 naheliegend, an Gott selbst zu denken. Es ist eine herrliche Botschaft der Hoffnung, die einmal erfüllt werden wird, aber den wenigen Treuen damals bereits eine große Ermutigung war.

Furcht und Bedrängnis waren immer wieder das Teil dieser Stadt. Doch dazu gibt es nun keinen Grund mehr. „Fürchte dich nicht", so lautet die Botschaft, die Gläubige zu aller Zeit gehört haben. Der Erste, der dieses Wort hörte, war Abraham (1. Mo 15,1). Der Letzte war Johannes, als er den Herrn in seiner richterlichen Herrlichkeit sah (Off 1,17).

Der Sieg ist Gottes und Jerusalem wird keine Drangsal mehr erleben. Der verängstigte Überrest lebt in Frieden. Im Propheten Jesaja lesen wir: „Auf einen hohen Berg steige hinauf, Zion, du Verkündigerin froher Botschaft; erhebe mit Macht deine Stimme, Jerusalem, du Verkündigerin froher Botschaft! Erhebe sie, fürchte dich nicht; sprich zu den Städten Judas: Siehe da, euer Gott" (Jes 40,9).

Furchtsame Menschen sind in der Regel Menschen, die mutlos sind und deren Hände erschlafft sind (vgl. Jes 13,7; Hes 7,17;

21,12). Hände, die erschlafft sind, weisen auf Verzweiflung, Schrecken und Angst hin. „Zeigst du dich schlaff am Tag der Bedrängnis, so ist deine Kraft gering" (Spr 24,10). Erhobene Hände hingegen sind eine Geste des Triumpfes und Sieges. Angst und Schrecken nehmen tatsächlich die Kraft zum Dienen weg. Erst wenn die Angst weggenommen ist, gibt es Kraft zum Dienst. Deshalb lautet die Aufforderung, die Hände nicht erschlaffen zu lassen

> Für uns gilt, dass wir uns keine Sorgen machen müssen. Der mutmachende Zuruf „fürchte dich nicht" gilt uns ebenso wie dem jüdischen Überrest. Die vollkommene Liebe treibt die Furcht aus (1. Joh 4,18). Unsere *Vergangenheit* ist geregelt. Für diejenigen, die in Christus sind, gibt es kein Gericht mehr (Röm 8,1). Unsere *Zukunft* ist gesichert. Für die *Gegenwart* gilt der Zuspruch: „Ihr aber, seid stark und lasst eure Hände nicht erschlaffen, denn es gibt Lohn für euer Tun!" (2. Chr 15,7). Gott möchte, dass wir Ihm mit Freude und Kraft dienen.

📖 *Vers 17: „Der* HERR, *dein Gott, ist in deiner Mitte, ein rettender Held. Er freut sich über dich mit Wonne, er schweigt in seiner Liebe, frohlockt über dich mit Jubel."*

Ohne Frage ist dieser Vers ein besonderer Höhepunkt der Weissagung Zephanjas. Es ist der HERR, der Gott Israels, der spricht. Zum ersten und einzigen Mal in diesem Buch heißt es:

Kapitel 3, Verse 14–20: Ein rettender Held – Jubel in Jerusalem

„*dein* Gott". Der Unwandelbare (der Herr, Jahwe) ist der Gott Israels, in dem alle Stärke ist. Es war Jakob, der Gott als Erster so genannt hat, als er auf der Rückkehr in das Land seiner Väter war und einen Altar baute, den er „Gott, der Gott Israels" nannte (1. Mo 33,20).

> Unsere Beziehung zu Gott geht weiter als zu dem Herrn, dem Gott Israels. Wir freuen uns, Ihn als den Unveränderlichen zu kennen (Heb 13,8). Wir freuen uns, Ihn als den allmächtigen, allwissenden und allgegenwärtigen Gott zu kennen. Und doch ist unsere Beziehung tiefer. Wir kennen Ihn als den „Gott und Vater unseres Herrn Jesus Christus", den wir loben und preisen (2. Kor 1,3; Eph 1,3; 1. Pet 1,3). Diese Beziehung ist typisch christlich und wird in keiner anderen Haushaltung gekannt.

Dann folgen gewaltige Aussagen, die einerseits ein Segen für *Israel* sind, die aber vor allem zeigen, was *Gott* empfindet, wenn Er endlich mit seinen Absichten für sein irdisches Volk zum Ziel gekommen ist.

1. Der Herr, Gott ist in der Mitte Israels: Noch einmal wird bestätigt, dass Gott in der Mitte seines Volkes ist. Nachdem alles Böse aus der Mitte Jerusalems entfernt ist (Zeph 3,11.12), kann Er nun dort wohnen und zur Ruhe kommen. Er steht nicht länger am Rand, sondern ist der Mittelpunkt. „Und ihr werdet wissen, dass ich in Israels Mitte bin und dass ich, der Herr, euer Gott bin und keiner sonst. Und mein Volk soll nie

mehr beschämt werden" (Joel 2,27). Volk und Stadt sind nach Gottes Namen genannt (Dan 9,18.19). Der Name der Stadt selbst trägt diesen Namen: „Der Herr ist hier" (Hes 48,35). Das ist der letzte Satz des Propheten Hesekiel, mit dem er seine wunderbare Beschreibung über den Segen des 1000-jährigen Reiches beendet.

> „Die Worte sind sehr einfach, aber die Zusagen, die sie vermitteln, sind so gewichtig, dass die Verse über uns hinwegrollen wie die triumphalen Verse eines jubelnden Gedichts. Die Wahrheit Gottes, selbst wenn sie in den einfachsten Worten erzählt wird, mag der erhabensten Poesie sehr ähnlich sein, aber ich sage ohne jedes Zögern, dass es nie ein von einem menschlichen Intellekt verfasstes Gedicht gab, das in der Lieblichkeit seiner Töne auch nur für einen Augenblick mit dem verglichen werden kann, was Gott hier vor den Ohren seinen Auserwählten an Verheißungen verkündigt"
> (C. H. Spurgeon: The Saviour resting in his love – Spurgeon Gems)

2. Der HERR, Gott ist ein rettender Held: Der Prophet Jeremia stellt die Frage: „Warum willst du sein wie ein bestürzter Mann, wie ein Held, der nicht zu retten vermag? Du bist doch in unserer Mitte, HERR, und wir sind nach deinem Namen genannt; verlass uns nicht" (Jer 14,9). Der HERR wird „sich als Held erweisen gegen seine Feinde" (Jes 42,13). Er rettet sein Volk aus größter Gefahr und bringt es in Sicherheit.

3. Der HERR, Gott, freut sich mit Wonne: Die Freude ist nicht nur das Teil Israels. Gott selbst freut sich mit großer Wonne. Es ist eine tiefe und von Herzen kommende Freude. Als der Herr auf dieser Erde war und die Stadt Jerusalem sah, weinte Er (Lk 19,41.42). Wie oft ist Gott traurig über sein Volk gewesen. Doch diese Trauer wir sich in Wonne wandeln. Das

Kapitel 3, Verse 14–20: Ein rettender Held – Jubel in Jerusalem

bestätigt Gott durch den Propheten Jesaja: „Denn wie der Jüngling sich mit der Jungfrau vermählt, so werden deine Kinder sich mit dir vermählen; und wie der Bräutigam sich an der Braut erfreut, so wird dein Gott sich an dir erfreuen" (Jes 62,5). „Und ich werde über Jerusalem frohlocken und über mein Volk mich freuen; und die Stimme des Weinens und die Stimme des Wehgeschreis wird nicht mehr darin gehört werden" (Jes 65,19).

4. Der HERR, Gott, schweigt in seiner Liebe: Zuneigung zueinander muss sich nicht immer in Worten äußern, sondern kann auch schweigen. Hier geht es offensichtlich (im Bild) um die eheliche Zuneigung. Der Ehevertrag Gottes mit seinem Volk, der durch die Untreue Israels gebrochen wurde, wird erneuert (Jes 62,5; 65,19; Hos 2,21.22). Jetzt kann Gott in seiner Liebe schweigen. Das heißt nicht, dass der Liebe die Worte fehlen, sondern dass sie nicht zwingend Worte nötig hat. Je tiefer die Liebesbeziehung ist, umso eher kann sie einfach schweigen.[43] Der Ausdruck zeigt, wie sehr der HERR sein Volk liebt. Bis heute kann Gott in seiner Liebe nicht schweigen, weil sein Volk von Ihm abgewichen ist. Aber dann wird dieser Zeitpunkt gekommen sein, wo Gott nicht mehr im Blick auf sein Volk aktiv sein muss. Er wird über ihre vergangenen Sünden schweigen, weil sie vergeben sind. Gott wird mit Freude auf sein Volk sehen und seine Gegenwart in ihrer Mitte wird Ihm völlige Ruhe geben.

---

43 Das gilt ebenso in der ehelichen Beziehung zwischen Mann und Frau. Je besser man sich kennt und einander versteht, umso weniger braucht man Worte, um seine Liebe auszudrücken. Es gibt ein „schweigendes Verstehen" und eine „schweigende Liebe".

Zephanja – *Gericht und Gnade*

5. Der HERR, Gott, frohlockt mit Jubel: Das ist die andere Seite. Liebe kann schweigen, aber Liebe kann ebenso frohlocken, d. h., sie zeigt sich in großem Jubel. Das berechtigte Schweigen wird sozusagen durch den ebenso berechtigten Jubel abgelöst. Es ist die Freude des Bräutigams über seine Braut: „… und wie der Bräutigam sich an der Braut erfreut, so wird dein Gott sich an dir erfreuen" (Jes 62,5). Das wird der Moment sein, an dem der Messias mit Jubel heimkommen und seine Garben tragen wird (Ps 126,6). Als die Schöpfung ins Dasein gerufen wurde, jubelten und jauchzten die Morgensterne und die Engel (Hiob 38,7). Und obwohl die Bibel an keiner Stelle sagt, dass Gott singt, lesen wir doch an dieser Stelle, dass Gott jubelt. Die vollbrachte Erlösung und Rettung sind der Grund dafür, dass Gott, der HERR, mit Jubel frohlockt.

Auf einer anderen Ebene können wir das auf uns anwenden. Wir wissen um die Gegenwart des Herrn in unserer Mitte, nicht nur – und doch besonders –, wenn wir in seinem Namen versammelt sind. Er ist unser Retter, den wir lieben und der uns liebt. Er freut sich über uns, weil wir ein Teil seiner Frucht sind, die Er sich am Kreuz erworben hat. Auch über uns schweigt Er in seiner Liebe und jubelt zugleich mit großer Freude. Zephanja spricht nicht direkt über das Erlösungswerk und doch ist es die unbedingte Voraussetzung

> *Von deiner Seele Not*
> *wirst du die Frucht genießen,*
> *um die du rangst am Kreuz,*
> *von tiefer Nacht umhüllt;*
> *sie wird vollkommen, reif*
> *und heilig vor dir sprießen,*
> *dein göttlich liebend Herz*
> *ist ewig dann gestillt.*

Kapitel 3, Verse 14–20: Ein rettender Held – Jubel in Jerusalem

> dafür, dass der Messias sich einmal an der Frucht der Mühsal seiner Seele sättigen wird (Jes 53,11). Einst ging Er hin unter Tränen, um den Samen zu säen. Einmal wird Er heimkehren mit Jubel und seine Garben tragen (Ps 126,6). Wegen der vor Ihm liegenden Freude hat Er das Kreuz erduldet (Heb 12,2).

📖 *Vers 18: „Die wegen der Festversammlung Trauernden werde ich sammeln; sie waren aus dir, Schmach lastete auf ihnen."*

Zephanja endet nicht mit der wunderbaren Aussage von Vers 17, sondern fügt noch etwas an, das Gott wichtig ist. Am Anfang des Buches hieß es von Gott: „Ich werde alles von der Fläche des Erdbodens ganz und gar wegraffen, spricht der HERR" (Kap 1,2). Gott handelt im Gericht. Jetzt heißt es in dem Schlussakkord noch 6-mal „ich werde" (oder „werde ich"). Doch jetzt ist es keine Botschaft des Gerichts mehr, sondern eine Botschaft der Gnade. Gott handelt zugunsten seines Volkes.

Zunächst ist die Rede von denen, die sich im Exil befunden haben und dort keine Möglichkeit hatten, an den Festversammlungen Gottes in Jerusalem teilzunehmen. Dreimal im Jahr sollte dem HERRN ein Fest gefeiert werden und die Männer sollten vor dem Angesicht des HERRN erscheinen (2. Mo 23,14.17). Später präzisierte Gott diese Anweisung und teilte seinem Volk mit, dass sie das Fest an dem Ort feiern sollten, den der HERR erwählen würde, d. h. in Jerusalem. Als Feste werden konkret genannt: das Fest der ungesäuerten Brote (in Verbindung mit dem Passah), das Fest der Wochen und das Fest der Laubhütten (5. Mo 16,16).

Es sollte mit Freude verbunden sein, vor dem Herrn zu erscheinen. In Psalm 122 zeigt David etwas von dieser Freude. Der Psalm beginnt mit den Worten: „Ich freute mich, als sie zu mir sagten: Lasst uns zum Haus des HERRN gehen!" (Ps 122,1).

Für alle im Exil lebenden Israeliten war es unmöglich, dieser Aufforderung Folge zu leisten. Viele von ihnen (wie z. B. Daniel) litten sehr darunter. Sie trauerten und waren niedergebeugt. In Psalm 42,3 hören wir sie klagen und fragen: „Meine Seele dürstet nach Gott, nach dem lebendigen Gott: Wann werde ich kommen und erscheinen vor Gottes Angesicht?" Was blieb, war die Erinnerung an bessere Tage: „Daran will ich mich erinnern und in mir ausschütten meine Seele, wie ich einherzog in der Schar, mit ihnen schritt zum Haus Gottes, mit der Stimme des Jubels und des Lobes – eine feiernde Menge" (Ps 42,5). Statt Freude gab es Traurigkeit und Scham. „Die Wege Zions trauern, weil niemand zum Fest kommt; alle ihre Tore sind öde; ihre Priester seufzen; ihre Jungfrauen sind betrübt, und ihr selbst ist es bitter" (Klgl 1,4).

Davon gibt auch Psalm 137 Zeugnis, wo wir diese Juden sagen hören: „An den Flüssen Babels, da saßen wir und weinten, als wir uns an Zion erinnerten. An die Weiden in ihr hängten wir unsere Lauten. Denn die uns gefangen weggeführt hatten, forderten dort von uns die Worte eines Liedes, und die uns wehklagen machten, Freude: Singt uns eins von Zions Liedern! Wie sollten wir ein Lied des HERRN singen auf fremder Erde? Wenn ich dich vergesse, Jerusalem, so vergesse mich meine Rechte" (Ps 137,1-5).

Kapitel 3, Verse 14–20: Ein rettender Held – Jubel in Jerusalem

Gott wird die Israeliten in der Zeit vor der Aufrichtung des Reiches sammeln, weil sie ein Teil des Volkes Gottes sind. Obwohl sie im Exil leben, sind sie doch Teil des Volkes. Die Schmach ihrer Gefangenschaft in der Fremde wird weggenommen werden. Sie werden nicht mehr trauern, sondern mit Freude die Feste ihres Gottes in Jerusalem feiern. Das gilt für die zehn Stämme (Israel) ebenso wie für die zwei Stämme (Juda). Es wird ein geeintes Volk sein, das vor Gott in Zion erscheint.

Als Christen kennen wir keine „Festversammlungen" wie Israel, sondern Zusammenkünfte im Namen unseres Herrn, wo wir die Freude seiner Gegenwart erleben, wenn Er uns um sich versammelt. Glücklich jeder, der sich nach diesen Zusammenkünften sehnt und nicht fehlt, wenn der Herr einlädt! Er ist der Anziehungspunkt – der Sammelnde. Kennen wir tatsächlich etwas von dieser Freude? Oder ist der Besuch der Zusammenkünfte eher zu einer Art „Pflichtübung" geworden und lassen wir sie gerne einmal „ausfallen"? Der Schreiber des Hebräerbriefes fordert uns in Kapitel 10,25 auf, die Zusammenkünfte nicht zu versäumen (oder aufzugeben).

Dabei ist uns bewusst, dass es viele Christen gibt, die den versprengten Israeliten gleichen und von dem Segen der Zusammenkünfte in seinem Namen nichts kennen. Doch der Tag wird kommen, wo wir alle zusammen in der Herrlichkeit vor unserem Herrn erscheinen und alle Herzen für das „Lamm" in der Mitte des Thrones schlagen werden (Off 5,6). Auf diesen Tag freuen wir uns.

📖 *Vers 19:* „*Siehe, ich werde zu jener Zeit mit allen deinen Bedrückern abrechnen und die Hinkenden retten und die Vertriebenen sammeln; und ich werde sie zum Lob und zum Namen machen in allen Ländern ihrer Schmach.*"

Es war ohne Frage ein Gericht Gottes, dass die Israeliten unter die Völker zerstreut wurden. Gott hatte es vorher angekündigt, dass dies geschehen würde, wenn sie von Ihm abwichen (3. Mo 26,33; 5. Mo 4,27; 28,64). Doch zugleich stehen die Nationen in der Verantwortung, die das Volk Gottes unterdrückt und bedrückt haben. Obwohl sie einerseits Gottes Zuchtrute für sein Volk waren, haben sie sich doch andererseits an seinem Volk versündigt. Dafür wird Gott mit Ihnen abrechnen. Für sie gilt wie für alle anderen Menschen, dass jeder das erntet, was er gesät hat. Worin diese „Abrechnung" mit den Bedrückern besteht, wird hier nicht näher erklärt. Es ist das Gericht Gottes über die Nationen, das an viele Stellen in den Propheten beschrieben wird. Wir können hier z. B. an eine Aussage aus Jesaja 60,14 denken, wo es heißt: „Und gebeugt werden zu dir kommen die Kinder deiner Bedrücker, und alle deine Schmäher werden niederfallen zu deinen Fußsohlen; und sie werden dich nennen: Stadt des HERRN, Zion des Heiligen Israels."

Zephanja geht es hier besonders um das Volk Gottes. Sie waren Hinkende und damit eine leichte Beute der Nachjagenden. Sie werden gerettet werden. Sie waren Vertriebene und damit ohne Widerstandskraft. Sie werden gesammelt werden. Mose hatte schon darauf hingewiesen, dass das einmal geschehen wird: „Wenn deine Vertriebenen am Ende des Himmels wären, so wird der HERR, dein Gott, dich von dort sammeln und dich

Kapitel 3, Verse 14–20: Ein rettender Held – Jubel in Jerusalem

von dort holen; und der HERR, dein Gott, wird dich in das Land bringen, das deine Väter besessen haben, und du wirst es besitzen; und er wird dir Gutes tun und dich mehren über deine Väter hinaus" (5. Mo 30,4.5; vgl. Jes 11,11.12, Jer 23,3–8; Hes 37,21–25).

Das stimmt mit einer Weissagung von Micha überein: „An jenem Tag, spricht der HERR, werde ich das Hinkende sammeln und das Vertriebene zusammenbringen und den, dem ich Übles getan habe. Und ich werde das Hinkende zu einem Überrest und das weit Entfernte zu einer gewaltigen Nation machen; und der Herr wird König über sie sein auf dem Berg Zion, von nun an bis in Ewigkeit" (Mich 4,6.7). Der Prophet Hesekiel beschreibt in Kapitel 34,11ff ausführlich, wie der Herr als der Hirte Israels sich um seine vertriebenen Schafe kümmert, sie sammelt und für sie sorgt. Er hat ein besonderes Auge für Missstände in seinem Volk. „Das Verlorene will ich suchen und das Versprengte zurückführen, und das Verwundete will ich verbinden, und das Kranke will ich stärken" (Hes 34,16).

> Heute gleichen viele Gläubige diesen „Hinkenden" und „Vertriebenen". Sie sind durch eigenes Fehlverhalten unfähig, ihren Weg zur Ehre Gottes zu gehen. Sie suchen nicht die Gemeinschaft mit anderen Gläubigen und gleichen Vertriebenen und Versprengten. Der Schreiber des Hebräerbriefes fordert solche auf, die erschlafften Hände und die gelähmten Knie aufzurichten und gerade Bahn für die Füße zu machen (Heb 12,12.13). Das Lahme soll nicht vom Weg abkommen, sondern geheilt werden. Vollkommen

> wird das in dem Augenblick sein, wenn alle Erlösten in der himmlischen Herrlichkeit bei ihrem Herrn sein werden, um Ihn zu loben und zu preisen. Spätestens bei der Entrückung werden sie alle vereint sein und nicht einer wird fehlen.

Doch das ist nicht alles. Gott verspricht, sein Volk zum Lob und zum Namen zu machen in allen Ländern ihrer Schmach. Die Länder der Schmach sind die Bedrücker. Gerade dort würde Gott sie ehren. Das scheint der Ausdruck „zum Lob und zum Namen" anzudeuten, der in dieser Form im Alten Testament nur von Zephanja gebraucht wird. Einige Ausleger sehen darin die Erfüllung der frühen Zusage Gottes an Abraham: „Und ich will dich zu einer großen Nation machen und dich segnen, und ich will deinen Namen groß machen; und du sollst ein Segen sein!" (1. Mo 12,2). Der komplette Psalm 87 spiegelt davon ebenfalls etwas wider (vgl. Sach 8,23).

Eine ähnliche Begriffszusammenstellung findet sich in 5. Mose 26,18.19: „Und der HERR hat dir heute sagen lassen, dass du ihm ein Eigentumsvolk sein sollst, so wie er zu dir geredet hat, und dass du alle seine Gebote halten sollst; und dass er dich zur höchsten über alle Nationen machen will, die er gemacht hat, zum Ruhm und zum Namen und zum Schmuck; und dass du dem HERRN, deinem Gott, ein heiliges Volk sein sollst, so wie er geredet hat."

Kapitel 3, Verse 14–20: Ein rettender Held – Jubel in Jerusalem

📖 Vers 20: „In jener Zeit werde ich euch herbeibringen und zu der Zeit euch sammeln; denn ich werde euch zum Namen und zum Lob machen unter allen Völkern der Erde, wenn ich eure Gefangenschaft vor euren Augen wenden werde, spricht der HERR."

Mit diesem Satz endet die Weissagung Zephanjas. Gott fasst sein Handeln zugunsten seines Volkes zusammen und wiederholt – mit etwas anderen Worten – die Zusagen aus Vers 19. „In jener Zeit" nimmt noch einmal Bezug auf das Reich Gottes in Macht und Herrlichkeit. Auf diesen Punkt läuft alles in der biblischen Prophetie hin. Gott bringt sein Volk herbei und sammelt es. „Und ich werde sie herausführen aus den Völkern und sie aus den Ländern sammeln und sie in ihr Land bringen; und ich werde sie weiden auf den Bergen Israels, in den Tälern und an allen Wohnplätzen des Landes" (Hes 34,13).

Das Wort „Gefangenschaft" steht in der Mehrzahlform. Es kann deshalb nicht auf die babylonische Gefangenschaft beschränkt werden. Eigentlich fasst es alle Zeiten zusammen, in denen das Volk Israel nicht in seinem eigenen Land gewohnt hat – und diese Zeit macht einen großen Teil seiner Geschichte aus. Ja, Gott wird sein Wort erfüllen: „... so wird der HERR, dein Gott, deine Gefangenschaft wenden und sich deiner erbarmen; und er wird dich wieder sammeln aus allen Völkern, wohin der HERR, dein Gott, dich zerstreut hat" (5. Mo 30,3).

Gott macht sie zum Namen und zum Lob unter allen Völkern der Erde. In 5. Mose 28,13 hatte Gott seinem Volk versprochen, dass Er sie zum *Haupt* machen würde und nicht zum

Schwanz. Voraussetzung war, dass sie seine Gebote halten würden. Genau das hatten sie nicht getan. Deshalb wurden die Feinde zum Haupt und Israel zum Schwanz (5. Mo 28,44). Doch im kommenden Reich wird es gerade anders sein. Israel wird dann das Haupt sein und alle Völker werden nach Jerusalem kommen, um Gott dort anzubeten. Gottes Absicht wird sich erfüllen: Israel wird zur höchsten Nation gemacht, „zum Ruhm und zum Namen und zum Schmuck" (5. Mo 26,19).

> „So spricht der Herr der Heerscharen: In jenen Tagen, da werden zehn Männer aus allerlei Sprachen der Nationen ergreifen, ja, ergreifen werden sie den Rockzipfel eines jüdischen Mannes und sagen: Wir wollen mit euch gehen, denn wir haben gehört, dass Gott mit euch ist" (Sach 8,23).
>
> „Es wird geschehen am Ende der Tage, da wird der Berg des Hauses des Herrn feststehen auf dem Gipfel der Berge und erhaben sein über die Hügel. Und alle Nationen werden zu ihm strömen; und viele Völker werden hingehen und sagen: Kommt und lasst uns hinaufziehen zum Berg des Herrn, zum Haus des Gottes Jakobs!" (Jes 2,2.3).

P. Laügt schreibt: „Das Buch Zephanja schließt mit diesem wunderbaren Bild der Gemeinschaft, der Freude und des Triumphes. Es gibt Zeugnis von der Wiederherstellung des Volkes Gottes, eines neuen Volkes, das aus dem Schoß der Morgenröte kommen wird" (Ps 110,3).[44]

---

44 P. Laügt: *Der Prophet Zephanja*, in: bibelkommentare.de

Kapitel 3, Verse 14–20: Ein rettender Held – Jubel in Jerusalem

> Die Hoffnung der Gemeinde ist nicht auf diese Erde ausgerichtet, sondern auf den Himmel. Heute sind die Gläubigen eher unbekannt und werden häufig abgelehnt. Wir beklagen zu Recht große Schwachheit, Fehlverhalten, Trennungen und unterschiedliche Wege. Und doch kommt Gott mit seiner Gemeinde zum Ziel. Einmal kommt der Tag, an dem Christus „die Versammlung sich selbst verherrlicht darstellen wird, die nicht Flecken oder Runzel oder etwas dergleichen habe, sondern dass sie heilig und untadelig sei" (Eph 5,27). Und so wie Gott Israel „zum Lob und zum Namen" machen wird, so heißt es von uns in Offenbarung 3,9: „Ich werde sie zwingen, dass sie kommen und sich niederwerfen werden vor deinen Füßen und erkennen, dass ich dich geliebt habe." Die Gemeinde wird einmal vor dieser Welt die Kennzeichen der Herrlichkeit Gottes tragen. Die „heilige Stadt, Jerusalem" wird aus dem Himmel herabkommen und die Herrlichkeit Gottes haben (Off 21,10.11). Es ist nicht eigene Herrlichkeit, sondern göttliche Herrlichkeit. Heute aber dürfen wir schon die Herrlichkeit des Herrn widerstrahlen.

Der Prophet Zephanja beginnt mit der Aussage: „Das Wort des HERRN". Er endet mit der Aussage: „... spricht der HERR" (Kap 1,1; 3,20). Unser Herr hat das erste Wort und Er hat das letzte Wort. Sein Wort allein hat Autorität und kann trösten. Alle Zusicherungen Gottes erfüllen sich in Ihm (2. Kor 1,20).

Er selbst sagt: „Ich bin das Alpha und das Omega, der Erste und der Letzte, der Anfang und das Ende" (Off 22,13).

Alle Ehre unserem Herrn!